高等学校通识课程系列教材



# 中国传统文化经典

向世陵　著

中国人民大学出版社
·北京·

# 目　录

# 引言 传统文化经典概说

中国传统文化，主要是指清末以前以文史哲为代表的中国古代文化，亦即通称的“国学”（中国学）。以国别名学，是近代中国知识分子与西学相抗衡的语境下的产物，重在保存和弘扬中国固有的文化及其学术传统。

中国传统文化经典，指集中体现中国传统文化的精髓和基本内容，并从古代的不同时期一直传承到今天的中国文化的基本典籍。人们在日常言谈中经常提及的“五经”“四书”《道德经》《坛经》等等，都应当属于这个范围。但传统文化经典远不止这几部，其他先秦诸子的代表作，像《墨子》《庄子》《荀子》《韩非子》等无疑也都属于经典的范畴。

同时，经典并不仅仅限于元典本身，后代学者对经典的注疏有不少也成了经典，最典型的就是《易传》和《春秋》“三传”，它们随后都成了儒家《十三经》的组成部分；而王弼的《老子注》、郭象的《庄子注》等一直与《老子》《庄子》经典本身的传承密不可分。

从历史发展的层面说，传统文化经典又是在不断地累积中生成和传延的。先秦诸子之后，两汉经学、魏晋玄学、隋唐佛学、宋明理学以及明清实学等都贡献了自己的代表性著作，它们共同展现了中国传统文化在其元创期（先秦）、发展期和“造极”期所形成和发展起来的理论成就和精神财富，并分别体现了不同时期中国文化发展的阶段性特色，譬如先秦时期百家争鸣，诸子著作成为主体；汉唐时期则以儒、道、玄、佛各领风骚而打上了儒释道“三教”论争的特色；宋元明清时期则以宋明理学家著作为主而又兼顾其他。

但是，考虑到先秦时期是中国文化及其哲学的元创期，这一时期的哲人们贡献了对后来中国文化与社会发展具有根本性影响的经典文献；同时，秦汉以后的各家著作，又大都在诠释和注疏先秦著作的基础上阐发自己的思想和创建新的理论。所以，面对诸多的文化典籍，除佛教《坛经》外，本书主要选择那些集中体现中国文化基本精神、在中国文化及其哲学发展中具有重要地位和影响的先秦时期的代表作，作为中国传统文化的经典著作介绍给大家，并将后人对这些代表作的注疏和阐释融入其中。

相应地，本书的撰写不遵循经典原著加注释的方式，而是围绕对经典本身的理解，大致按照历史的顺序，从前到后对经典本身及其诠释成果进行解说，不但期待读者对中国传统文化经典有一个大致的了解，更希望由此使大家真正喜欢上中华优秀传统文化中的这些瑰宝。

## 一、“经典”的本义与引申

“经典”作为一复合词，指具有典范意义的上古文献和诸子代表作。例如在《汉书》中，已用“经典”来指代《尚书》。但在成为复合词之前，“经”与“典”早已单独存在并实际具有后来“经典”的意义，故不妨先追溯一下“经”“典”字义的由来。

什么是“经”？“经”是一个形声字，许慎在《说文解字》中说：“经，织也，从糸，巠声。”“经”本来是丝织物，“从糸”之“糸”（mì）就是蚕所吐的细丝；而“巠”（jīng）本指水流，经丝从织机中织出就好像水脉从地下流出一样。但织丝如何又与书籍联系起来呢？近人章太炎认为，“经”不过是“编丝缀属之称”。因为古代无纸，编书人用丝线将竹简贯穿起来就叫作经。这实际是将隋代高僧（净影寺慧远）以“线”释佛经的“经”字，以及“线能贯花，经能持纬”的解释结合了起来。刘师培亦认同《说文解字》之言，肯定“经”字是取象治丝，其跟书籍关联，是因为上古文籍声韵相协、藻绘成章，有参伍错综之观，如同彩饰之丝织品一般，于是借治丝之义而有“经”乃至“六经”之名。

但随着“大一统”国家的形成和“独尊儒术”国策的推行，“天尊地卑，乾坤定矣；卑高以陈，贵贱位矣”和“天不变，道亦不变”的观念开始左右人们的思想，先前作为一般书册名称的“经”，凝固化为既定的儒家五种典籍——“五经”。“五经”中最重要的《易经》，其“易”之蕴含，亦由一般的“变易”加上了特定的“不易”，郑玄并以此“不易”去注解“经”字，如注《孝经》便称：“经者，不易之称。”“经”的含义也因之有了根本性的改变。所以，到他的弟子刘熙，在其因声求义的训诂学代表作《释名》中，便直接以“常典”“常用”来解释“经”了。

“典”是一个会意字，在《说文解字》中，许慎已直接以“五帝之书”来解释它，字则“从册，在亓上，尊阁之也”，意味放在阁架上的尊贵的简册。显然，“典”与“经”属于同义词，二者实际成为相互发明的概念。《尔雅》直接就说“典，经也”，郑玄则称“典，常也，法也”。刘熙的《释名》，实际将二者结合了起来，故以“常典”来解释“经”。

“典”所以是常用不变，在于它所具有的典范的意义，这在《尚书》中已然如此使用。不论是讲“有典有则”“天叙有典”，还是直接作为简册名称的《尧典》《舜典》，都通过其所承载的常行不变之法，为后代昭示了经典的价值。

既如此，合经、典二字成“经典”，就是水到渠成之事，人们在汉代时就已经在使用“经典”这一复合词了。那么，不论是单称“经”或“典”，还是总称“经典”，其含义都是一致的，都是自古传承下来的最重要的书籍，它们承载着中华文化的命脉。作为后人，我们有义务承接这一份宝贵的遗产，并经我们之手而将其弘扬开来。

## 二、中国文化的经典

中国文化源远流长，能称为传统文化经典的著作也不在少数。但按照它们自身的价值和在历史上实际发生的影响，可以做一大致的梳理和归类。

流传至今的中国传统文化经典，可以先秦时期发生的百家争鸣为标识，画一大致的时间线：

在百家争鸣之前，主要是指“五经”——《易》《书》《诗》《礼》《春秋》。它们起初属于不同学派学者采撷和使用的公共资源，后来则因以孔子为代表的儒家学者的整理和传扬，成了儒家的经典。

在百家争鸣或春秋战国时期，主要指诸子各家代表人物的作品。

在百家争鸣之后，直至宋元明清，则主要指儒释道三教的代表作。不过，由于汉以后儒家学术占据了中国文化的主导地位，以及道教和佛教作为宗教所具有的非世俗性质，儒家的“五经”“四书”或《十三经》的“经典”地位变得更加强势。与此相应，汉以后作为中国儒家学术主体的“经学”，魏晋之后逐步形成的中国图书“四部分类法”的“经部”，可以说都是这一历史背景下的产物。

进一步，如果从对中国人的民族性格、精神风貌乃至社会习俗等方面的影响来说，最具标志性的中国传统文化经典，主要包括儒家的“五经”“四书”和《荀子》，道家的

《老子》《庄子》，墨家的《墨子》，法家的《韩非子》，佛教的《坛经》等。除《坛经》外，其他都是先秦时期先贤思想的结晶。由于时代和环境的变化，我们阅读这些经典，需要借助后人的注解，事实上，这些注解在历史的传承中也成了经典不可或缺的组成部分，特别是儒家经典更是如此。自汉唐以至宋元明清，儒家经典在不同时期的代表性疏释，曾在相当长的时期内作为国家的意志被普遍地传播和推行，深深地影响了中国人的思想。结合相关注疏，有助于整体上增进对经典的把握及了解经典在不同时代流传和呈现的实际状貌。

近年来，随着党和国家的提倡与全社会的重视，中华优秀传统文化获得了空前的认同，并已浸润到我们日常生活的方方面面。实现中华民族的伟大复兴，离不开孕育中华民族的精神家园和文化土壤。

在漫漫历史长河中，中国传统文化经典作为传统文化的物质载体，维系着中华文明的精神命脉，具有永不褪色的时代价值。我们要延续中华民族的文化血脉，构筑中国人的精神世界和价值理念，就需要从传统文化经典中吸取资源。

中国传统文化经典是培育青年人健全品格和良好道德情操的精神沃土。人们耳熟能详且朗朗上口的“大道之行也，天下为公”“民惟邦本”“仁者爱人”“和而不同”“兼相爱，交相利”“天行健，君子以自强不息”“祸兮福之所倚，福兮祸之所伏”等，都出自传统经典。它们植根于中国人的内心，潜移默化地影响着中国人的思想方式和行为习惯。

在本质上，中华文化是仁爱文化，始终坚守善的美德。我们倡导构建人类命运共同体，承认文明的多样性，在传承和维护自身文化的同时，也承认和容许其他文化与自己共同生存，主张“己欲立而立人，己欲达而达人”，提倡不同文化之间的相互交流，以期为世界和平与发展贡献中国智慧、中国方案和中国力量。

因此，认真阅读中国传统文化经典，有助于我们自觉承担起“推动中华优秀传统文化创造性转化、创新性发展”的历史重任，使“讲仁爱”真正成为植根于人的内心的自觉行为和全社会的风尚，并有助于社会主义核心价值观的培育和弘扬，使中华民族的精神基因世代传承，使中华优秀传统文化光耀于世界，永远保持其青春活力和时代魅力。

## 思考题

1. “经”“典”二字的含义是什么？
2. 阅读中国传统文化经典有什么意义？

# 第一章 五经

“五经”是儒家的基本经典，但“五经”一词出现于“六经”之后。《庄子·天运》中有“丘治《诗》《书》《礼》《乐》《易》《春秋》六经”的记载，直接将孔子与“六经”联系起来。后人一般以此为“六经”流传的开端。20世纪末，新出土文献《郭店楚墓竹简》提及《诗》《书》《礼》《乐》《易》《春秋》并有对其内容的简洁表述。但从实际的文献看，并未见有实在的《乐经》一书。大致的看法有二，一是先秦有《乐经》，后来遗失了；二是本无《乐经》，“乐”不独立于“礼”，而是依存于“礼”类文献之中。在后者的意义上，“六经”实际上只有“五经”，因此“六经”与“五经”也就是同一个概念。

西汉初，陆贾在《新语·道基》中有“后圣乃定五经，明六艺”的说法，但“五经”的正式确立，通常还是以汉武帝建元五年（公元前136年）春设立“五经”博士为标志。对于“五经”中各经的排列次序，班固在《白虎通·五经》中说：“五经何谓？谓《易》《尚书》《诗》《礼》《春秋》也。”这一顺序，唐初孔颖达奉旨主编《五经正义》时采用。随着《五经正义》由朝廷颁行全国，《易》《书》《诗》《礼》《春秋》的顺序至此确定不移。“五经”内容十分丰富，其意义在《礼记》中主要被解释为不同方面的王道教化，班固则以为是仁义礼智信“五常”的表现，是圣人效法天道的产物，以教人成就德性。

自汉以后，“五经”成为中国文化最重要的经典，长期影响着中国社会的发展。中国国家的制度建设乃至社会管理的方方面面，基本上都是以“五经”为模板的。

# 第一节 周易

《周易》本单称为《易》，它是浩瀚的中国文化典籍中的一部奇特的著作。作为儒家的基本经典，有“六经之首”甚至“群经之首”的美誉，占据显赫的地位。同时，《周易》又为各家各派所看重，可以说，中国历代的哲学大家，几乎没有不关注和研究《周易》的。《周易》已经深入中国传统文化的各个方面，不了解它，就不可能真正弄懂中国传统文化及其哲学。

清代学者通过对《四库全书》的编纂，对此现象深有感触地说：“易道广大，无所不包，旁及天文、地理、乐律、兵法、韵学、算术，以逮方外之炉火，皆可援《易》以为说。”（《四库全书总目提要卷一·经部一·易类一》）《四库全书总目提要》的说法，当然不意味着《周易》，或因研究《周易》而形成的专门学问——易学，已穷尽和包容了一切知识，事实上这是不可能的。但是，另一方面，《周易》和易学确实涉及众多的方面，提出了大量的问题和各式各样的解决问题的办法，对于我们民族理论思维的培育和锻炼，可以说大有功焉。因而，我们应当珍惜并认真学习和研究这份遗产，使我们的先辈所创造的优秀文化在我们的手中继承下来并发扬光大。

## 一、“周易”的字义

《周易》，因系“六经”（“五经”）之一，故又称作《易经》。那么，学习它首先碰到的一个问题，就是这个“易”字和相应的“周”字做何理解，由于这关系到对《周易》这部书性质的定位，所以我们首先应当对它有所认识。

### （一）“易”字的含义

“易”字在典籍中是一个常见字，含义十分丰富，在词性上可作名词（含专有名词）、动词、形容词和副词。《周易》书中出现的“易”字亦不少，这里只是就《周易》之“易”的含义做出解释。

1. “易”为变易

东汉学者许慎在他的名著《说文解字》中，依据金文（铸造在殷周青铜器上的铭文）对“易”字做出了这样的解释：“易，蜥易（蜴），蝘蜓，守宫也，象形。‘秘书’说：日月为易，象阴阳也。一曰从勿。”许慎在这里实际上提出了关于“易”字的三种解释，对此逐一分析：

首先，以爬行动物的象形解释“易”。如今，蜥蜴是一个大类，但在许慎那里，应当不包括生长在华南等地区的巨蜥一类的大型蜥蜴，自然也不包括亚洲地区本来没有的毒蜥等。中国古人所说的蜥蜴，通常就是人们俗称的“四脚蛇”，其特征是尾巴细长易断、且断后能再生，故当遇到危险时往往自断其尾以逃命。蝘蜓和守宫在动物分类学上也都属蜥蜴。分别来说，蝘蜓，今通称壁虎；守宫，即变色龙。传说变色龙能随一天十二个时辰而变化出十二种颜色，吓退来犯之敌，故秦始皇命令它看守宫中的钥匙和守护宫门。这三种动物在许慎看来是同一类的，故互为注解，因为其共同特征都是善于变化，且带有一定的神秘色彩，以此含义解“易”，“易”之义也就是变易。

其次，以日月、阴阳的象形解释“易”。所谓“秘书”，即汉代皇宫秘府所藏之书，许慎这里所指实即《易纬·参同契》。“易”之字形，《说文解字》作易，似日（日）月（月）二字，而日为太阳，月为太阴，日月往来不停，阴阳作用不止，从而造成了白天黑夜、暑寒春秋的变迁。那么，以日月的象形来解释“易”字，也是以变易为本质特征的，但是突出了性质对立双方的变化。

最后，则是所谓“从勿”。这个“从勿”，显然省略了前面半句，加上便是以“从日从勿”来解释“易”。

虽然“易”的篆文字形像“日下从月”，但实际的情况应当是“日下从勿”，南宋史学家罗泌在他的名著《路史》中解释说，虽然许慎称“日月为易”，但就文字来看，则当为“勿”（勿）：“勿，月彩之散者也。故月散于日下为易。”“勿”也是指月，但却是特指月散于日下，即通过“勿”的中介而将日与月直接联系了起来，所以，“易曰日月，合为明，谓明者无踰于日月尔”（《路史》卷三十二）。那么，日月合而为易，不但在文字上说明“易”乃日月互动变化的产物，而且告诉我们：带给世界光明，并由此生成人类世界的根本原因，就是日月（阴阳）的变化。

当然，“易”字并不是在金文中才有，在甲骨文中就已经出现，许慎没有见过甲骨文，所以我们也不详谈。这里想说的是，“易”字的来源是多种多样的，仅是在甲骨文和金文中，“易”字就有不同的写法。注意到这一点是重要的，但更重要的是，需要看到不同写法之间的联系，即它们的共性大都在于以变易来解释“易”。对于古人来说，如此的变易是神秘莫测、难以理解的，但人们为了自身的生产、生活和战争等方面的需要，又不得不去接近它和认识它，并希望通过对它的认识来指导自身的行动。在当时缺乏有效的科学手段的情况下，如此的希望如果要具体落实，人们唯一可以采用的手段就是卜筮，这包括占卜和占筮。古人企盼通过卜筮来窥测天道人事的变易并预决吉凶，而曾在历史上流行的龟卜和占筮都属于卜筮的具体形式。那么，变易之义和卜筮的实践实际上就是互生的，变易的奇妙现象说明了为什么需要卜筮，而卜筮的实践则说明了如何认识变易——自然界的奇异现象和人世的吉凶祸福，它们反映了远古人类力图把握未知世界的智慧和努力。

2. “周”字的含义

《周易》的“周”，通常与“易”联系起来解，东汉的郑玄和唐代的孔颖达是主要的代表。郑玄是东汉最著名的经学家，他对“周易”之得名的解释，一是以朝代解，即夏商周三代各自有《易》，“夏曰《连山》，殷曰《归藏》，周曰《周易》”；二是从义理的层面，说“《周易》者，言《易》道周普，无所不备”（《易赞》及《易论》，《周易正义》引）。后者以变易之道的普遍周流和完备充分释“周易”，可以从《周易》传文部分的《系辞》中称说易道是“变动不居，周流六虚”等语获得支持。不过，到孔颖达奉唐太宗之命主编《周易正义》时，他却不取郑玄之解，而另采“连山”即神农，“归藏”即黄帝之说，与此相应，“周易”便是周之发祥地周原（岐山）和周代之易的合称。

作为参照，比孔颖达稍早的陆德明在《经典释文》中，亦将“周”解释为周代、周遍和周普之义。他二人的共性，在于以周代之易解“周易”，且也能方便与连山（神农）易和归藏（黄帝）易衔接起来。到南宋，朱熹便径直以周代之易解“周易”。此解的合理之处在于，如同周代之书称《周书》、周代之礼名《周礼》一样，以周代之易称《周易》，便是一种自然而然的历史约定的产物。

### （二）“周易”与“易经”

《易》或《周易》作为先秦典籍，本无所谓“经”之与否。《周易》称《易经》，大致是西汉初定名“五经”和经学兴起之后的产物。

在这里，通常称作《易经》的《周易》，不是只限于《周易》“经”部分的狭义《易经》，而是也将“传”文即《易传》包括在内。一般地说，在东汉初的班固那里，《周易》的“经”与“传”已经是一个整体，而被统称为《易经》了。

### （三）《周易》的构成

《周易》由“古经”（狭义《易经》）和解释它的“大传”（《易传》）两部分组成，为避免混淆，下面将“经”文和“传”文分开介绍。

1. 《易经》的构成

狭义的《易经》，从总体上看，是由卦名、卦象、卦辞、爻象、爻辞几部分所构成的。

卦名，顾名思义，即一卦的称谓，如乾、坤等。

卦象，卦象不是文字而是符号，如乾即“☰”，坤即“☷”等，这些符号具有象征的意义，它们是全部易卦成立的基础，无此符号则不成卦；因每一卦象由三画或六画组成，故卦象也称为卦画。

卦辞，卦辞是对卦象的解释，如乾卦紧接“乾”的卦名之后的“元亨利贞”等。

爻象，爻象是与卦象相对而言的，一卦三爻或六爻的整体谓卦象，单独一爻（一画）则叫爻象，其中“—”称为阳爻，“--”称为阴爻；由于爻象本在卦象（卦画）的整体之中，故通常并不单独列出。

爻辞，爻辞是对爻象寓意的发明，如乾卦第一爻（初九）的“潜龙勿用”等。

整部《周易》由六十四卦构成，每卦六爻，计有三百八十四爻。每一卦爻都有自己的卦辞和爻辞，一共便是六十四条卦辞和三百八十四条爻辞。

例外的是，乾坤两卦作为天地和父母，另加有用九、用六两条，即乾卦“用九”的“见群龙无首，吉”和坤卦“用六”的“利永贞”。加上这两条，全部爻辞便是三百八十六条。

一卦六爻的排列顺序是自下至上，下为初（始），上为终，始终下上相互照应，互相发明。在每一爻爻辞的前面，有一个爻题，标称所指是哪一爻的爻辞，它由初（一）、二、三、四、五、上（六）的序数词与判定阴阳的性质之词组合而成，成为初九（六）、九（六）二、九（六）三、九（六）四、九（六）五、上九（六）。

按照通行的看法，《易经》六十四卦（六画卦）系由原始的八卦（三画卦）重叠而来。八卦即乾、坤、震、巽、坎、离、艮、兑，参照《易传》的说法，可分为属于天道和人道两组相互区别又相互呼应的系统，一并如下：

| 卦名 | 乾 | 坤 | 震 | 巽 | 坎 | 离 | 艮 | 兑 |
|---|---|---|---|---|---|---|---|---|
| 卦象 | ☰ | ☷ | ☳ | ☴ | ☵ | ☲ | ☶ | ☱ |
| （下为《易传》的解释） | | | | | | | | |
| 天道 | 天 | 地 | 雷 | 风 | 水 | 火 | 山 | 泽 |
| 人道 | 父 | 母 | 长男 | 长女 | 中男 | 中女 | 少男 | 少女 |

八卦重叠为六十四卦，在《易传》所说的“八卦成列，象在其中矣。因而重之，爻在其中矣”和“兼三才（天地人）而两之，故易六画而成卦”等语句中，大致得到了表述。

譬如：乾下坤上重叠为泰卦（䷊），坤下乾上重叠为否卦（䷋）；离下坎上重叠为既济卦（䷾），坎下离上重叠为未济卦（䷿），等等。由此，八卦便是六十四卦的基础，被称为经卦，六十四卦则相应被称为别卦。由于六画卦是由三画卦重叠而来，故三画卦的意义自动代入六画卦，八卦的含义也就成为六十四卦取义的基础。

2.《易传》的构成

《易传》是对《易经》本文的解释和对其思想的发挥。《易传》共有十篇，又称为《十翼》。“翼”是翅膀，作动词即以翅膀遮蔽、保护，引申为辅佐。《易传》通过对《易经》思想的“辅佐”，构造出了一个相对完整的哲学体系。

《易传》十篇，具体包括《彖》上下、《象》上下、《系辞》上下、《文言》、《说卦》、《序卦》和《杂卦》。其中：

《彖》是解释卦名和卦辞的，每卦一条，共六十四条。如在乾卦，即解释“乾，元亨利贞”为何意。

《象》又分为“大象”和“小象”：“大象”亦解释卦名和卦之寓意，但不涉及卦辞内容，也是六十四条，这里最有名的就是乾、坤的“大象”——“天行健，君子以自强不息”和“地势坤（顺），君子以厚德载物”；“小象”则解释爻辞，一爻一条，计三百八十四条。如解释乾卦初九爻辞（“潜龙勿用”）的“潜龙勿用，阳在下也”。

同理，另有专解释乾坤二卦用九、用六的两条。如乾卦的“用九，天德，不可为首也”和坤卦的“用六，永贞，以大终也”。总体亦为三百八十六条。

《系辞》上下篇，可以说是易学概论，它着重阐明了八卦和宇宙的起源及其象数原则，整部《周易》的哲学思想最集中地体现在这里。

《文言》只有两章，不面对全卦，只是对乾、坤两卦特有思想的阐发。

《说卦》一篇，开头部分与《系辞》相似属于通论，其后则主要在发明八卦的性质和取象。

《序卦》顾名思义，是对六十四卦的排列次序，按照前后卦之间的逻辑联系阐发其意义。

《杂卦》是按照反对或关联的原则，将六十四卦按其性质错综交杂后重新组合的结果。在《十翼》中文字最为短少。

《易传》十篇在整部《周易》中的位置，《彖》《象》《文言》附在相应卦爻之后；《系辞》《说卦》《序卦》《杂卦》则在全部六十四卦之后依次排列，独立成篇。

自然，有必要说明，如此的位次，是今天通行本的《周易》的篇章结构。1973 年长沙马王堆出土的帛书本《周易》，与通行本多不相同，如《经》部分，卦名过半数不同，卦序则除乾（键）、恒、巽（筭）、中孚（中复）四卦外，全不相同，文字和意义亦有不少的差别；《传》部分，差别则更大，以至于无法将二者统一为一书来讲解。不过，汉以后流行的《周易》，已经是今天的通行本，故从历史的价值着眼，只讨论通行本《周易》

的结构和思想是没有问题的。

3.《经》《传》的配合

最初的《周易》,《经》和《传》各自独立。到郑玄时,虽将“经”部与“十翼”合为一书,却仍是各自成篇的,前面是《经》,《经》之后才是《传》。这样的结构虽然保留了原始的风貌,但读起来却很不方便。所以,到三国魏时,王弼注《周易》,便将《彖》上下、《象》上下的相应文字分别系于六十四卦各卦的卦爻辞后面,把《文言》的相应内容拆开而分别排在乾、坤两卦之后,而《系辞》《说卦》《序卦》《杂卦》则仍然独立地按顺序排在六十四卦后面。孔颖达主编《五经正义》采用了王弼的注本和格式,这样便成为我们今天所看到的《周易》通行本的体例。

## 二、《周易》的产生及其时代与作者

由于《周易》本身是由多个部分所构成的,故不可能是一人一时所作。《周易》的创制,应当是在一个相当长的过程中并经过许多人的努力而不断完善起来的。

### (一)从八卦到六十四卦

《周易》八卦与六十四卦的产生,由于时代的久远和文献记载的详略不一,很难有确定性的认识,今天的人们亦有不同的说法。考虑到时代与作者之间的密切联系和《易传》自身的一套说辞,通行的观点还是有它存在的理由的。我们也据此进行介绍:

在《系辞下》中,作者认为是中华文明的始祖伏羲观天察地而创制了八卦。他称:

> 古者包牺氏之王天下也,仰则观(天)象于天,俯则观(地)法于地,观鸟兽之文(文采)与地之宜(适宜出产),近取诸(人)身,远取诸物,于是始作八卦,以通神明(健顺动止)之德(性),以类(类比)万物(雷风山泽)之情(相状)。

但是,我们翻阅《周易》的文本,并没有单纯的八卦(三画卦),而是六十四卦的整体(六画卦),那六画卦又是怎样来的呢?传统的说法是由三画卦重叠而来的,怎样重叠呢?这需要看看《系辞下》和《说卦》的讲法。

《系辞下》:

> 八卦成列,象在其中矣。因而重之,爻在其中矣。
>
> 《易》之为书也,广大悉备:有天道焉,有地道焉,有人道焉。兼三才而两之,故六。六者,非它也,三才之道也。

《说卦》:

> 昔者圣人之作《易》也,将以顺性命之理。是以立天之道,曰阴与阳;立地之

道，曰柔与刚；立人之道，曰仁与义。兼三才而两之，故《易》六画而成卦。

在《系辞下》中，由天道、地道、人道的上中下各一爻（画）组成的“三才”，就是八卦的三爻，再予以“两之”或“重之”，三爻就变成了六爻，八卦就变成了六十四卦。不过，六爻的意义并不变化——“六者非它也”，仍然是三才之道。

在《说卦》中，情况有所不同，此处的“兼三才而两之”不是三爻整体重成六爻，而是天地人三才的每一爻（画）先“两之”，即天一爻成阴阳二画，地一爻成柔刚二画，人一爻成仁义二画，结果便是“易六画而成卦”。

《系辞下》和《说卦》的重卦方式虽有一定差别，但二者强调的重点，在《易》之书所以是“广大悉备”，就在于整个地包容了天地人三才之道。由于地道通常又被包容于天道之中，柔刚也就是阴阳，从而，从阴阳仁义入手去把握天人关系，就成为认识中国传统文化最基本的方式。

说到这里，自然需要问一句，这个重卦具体产生于什么时候呢?《系辞下》告诉我们是殷周之际，它说：

> 《易》之兴也，其于中古乎？作《易》者其有忧患乎？
>
> 《易》之兴也，其当殷之末世，周之盛德邪？当文王与纣之事邪？是故其辞危。危者使平，易（轻慢）者使倾（覆）；其道甚大，百物不废（弃）。惧（警）以终始，其要（总归）无咎，此之谓《易》之道也。

这两条记载都是讲殷末周初周文王被殷纣王囚于羑里时，因“忧患”时势和自身的遭遇，演《周易》为六十四卦以寄情托志之事。但《系辞》讲伏羲画八卦使用的是陈述语气，说到周文王时使用的却是疑问语气，这说明在《系辞》作者的时代，人们对于是否周文王演《周易》的问题，已经不是很清楚了。后来到司马迁，首先将《系辞》关于周文王演《周易》的疑问语气换成了陈述和感叹语气，提出了“文王拘而演《周易》”（见《报任安书》和《日者列传》）的著名观点并相沿至今。

**（二）对《经》《传》作者与时代的推测**

上面八卦到六十四卦的产生过程，已经说明《易经》（狭义）的作者是伏羲和周文王；那么，《易传》又是在何时由何人而作的呢？从司马迁到班固，逐步认定为是孔子所作。在班固所撰的《汉书·艺文志》中，对《周易》的作者和时代提出了“人更三圣，世历三古”的著名观点，即如上面所述：伏羲画八卦，周文王演为六十四卦，并作经文（卦爻辞），而孔子则作传文以解经，其时间则从伏羲的上古、文王的中古到孔子的下古。

但是，班固之后的东汉经师感到，将卦爻辞一并系于文王缺乏说服力，因为卦爻辞中提到的一些历史事件，明显是发生在周文王之后，于是补充修正为周公旦作爻辞，而周文王只作了卦辞。周公一生历时较长，卒年也不确定，加之卦爻辞中所涉及的历史事件又不晚于周初，故在时间上说周公旦作爻辞是有可能的，再加上孔子作《易传》，这便是后来朱熹所概括的“人更四圣”之说。

“人更三圣”或“四圣”最主要的问题，还是孔子作《易传》，这在后人多有疑问，其中犹以北宋欧阳修《易童子问》的质疑最为典型，至今仍争论不绝。

当代人对于《周易》产生的时代和作者问题，同样是将《经》与《传》分开来讨论。一般认为《易经》约产生于殷周之际，《易传》则多认为是战国时候的作品，而非孔子本人所作。但究竟是作于战国的早、中还是晚期，则又产生了新的分歧，因为这里还涉及对《易传》中不同的篇章各自早晚问题的认定。其中以多数篇章作于战国中晚期的看法较为流行。

概括而言，《易经》的原初作者，大概是殷周之际的一些具有较高地位的巫祝卜史之类的神职人员，他们大都具有比较高的文化素养，又有闲暇专职从事占卜预测之事，一部《易经》可能就是他们占卜预测的记录。随后，这些记录很可能经过了文王、周公等人的整理和加工。至于《易传》，虽不直接作于孔子，但多半是孔子弟子和后学的作品，也正因为如此它才成为儒家的经典，传文中大量的“子曰”亦可对此做出证明。

当然，在《易传》文本中，不难发现道家、阴阳家等其他非儒家学者的语词和思想，这应当被理解为不同学派、学术的相互交流和吸收，并不能据此否定儒家学者的著作权。

同时，我们说《易经》作于殷周之际，《易传》主要作于战国中晚期，前提都是就其成书而言，如果论其肇始和发端，则无疑要更早。也正因为如此，《易经》才推到了伏羲、神农这些传说中的先民部落首领的名下，《易传》也才联系到了孔子。换句话说，《周易》卦爻和经文的创设应当在殷末之前，而“十翼”的动笔撰写很可能从孔子开始。

以上对《周易》产生缘由和作者的推测，主要是基于历史的自然过程，反映的是占卜的客观需要。但除此之外，还有人文和社会的必要性，这就是基于儒家立场而产生的教化问题：六经都产生于圣人教化民众的需要。

与儒家的其他典籍一样，《周易》在古代社会历来被认为是圣人为“觉世牖民”而作。《四库全书总目提要卷一·经部一·易类一》说：“圣人觉世牖（诱导）民，大抵因事以寓教，诗寓于风谣，礼寓于节文，尚书、春秋寓于史，而易则寓于卜筮。故易之为书，推天道以明人事者也。”《四库全书总目提要》对《周易》的产生缘由有两点提示：一是产生于圣人，二是产生于卜筮。但目的都在于满足圣人推天道以明人事，从而教化民众的需要。

## 三、六十四卦的排列及其意义

六十四卦的排列次序及其意义，在《易传》的《序卦》和《杂卦》都有解说，《序卦》是按现通行本的顺序，《杂卦》却有另一个系统。现分述如下：

### （一）《序卦》之“序”

《序卦》按照六十四卦各卦卦名的基本含义，逐次推延如下：

有天地，然后万物生焉。盈天地之间者唯万物，故受之以屯。屯者盈也，屯者物之始生也。物生必蒙，故受之以蒙。蒙者蒙也，物之稚也。物稚不可不养也，故受之以需。需者饮食之道也。饮食必有讼，故受之以讼。讼必有众起，故受之以师。师者众也。众必有所比，故受之以比。比者，比也。比必有所畜，故受之以小畜。物畜然后有礼，故受之以履。履而泰，然后安，故受之以泰。泰者，通也。物不可以终通，故受之以否。物不可以终否，故受之以同人。与人同者，物必归焉，故受之以大有。有大者不可以盈，故受之以谦。有大而能谦必豫，故受之以豫。豫必有随，故受之以随。以喜随人者必有事，故受之以蛊。蛊者，事也。有事而后可大，故受之以临。临者，大也。物大然后可观，故受之以观。可观而后有所合，故受之以噬嗑。嗑者，合也。物不可以苟合而已，故受之以贲。贲者，饰也。致饰然后亨则尽矣，故受之以剥。剥者，剥也。物不可以终尽，剥穷上反下，故受之以复。复则不妄矣，故受之以无妄。有无妄然后可畜，故受之以大畜。物畜然后可养，故受之以颐。颐者，养也。不养则不可动，故受之以大过。物不可以终过，故受之以坎。坎者，陷也。陷必有所丽，故受之以离。离者，丽也。

有天地然后有万物，有万物然后有男女，有男女然后有夫妇，有夫妇然后有父子，有父子然后有君臣，有君臣然后有上下，有上下然后礼义有所错。夫妇之道，不可以不久也，故受之以恒。恒者，久也。物不可以久居其所，故受之以遁。遁者，退也。物不可终遁，故受之以大壮。物不可以终壮，故受之以晋。晋者，进也。进必有所伤，故受之以明夷。夷者，伤也。伤于外者必反于家，故受之以家人。家道穷必乖，故受之以睽。睽者，乖也。乖必有难，故受之以蹇。蹇者，难也。物不可终难，故受之以解。解者，缓也。缓必有所失，故受之以损。损而不已必益，故受之以益。益而不已必决，故受之以夬。夬者，决也。决必有所遇，故受之以姤。姤者，遇也。物相遇而后聚，故受之以萃。萃者，聚也。聚而上者谓之升，故受之以升。升而不已必困，故受之以困。困乎上者必反下，故受之以井。井道不可不革，故受之以革。革物者莫若鼎，故受之以鼎。主器者莫若长子，故受之以震；震者，动也。物不可以终动，止之，故受之以艮；艮者止也。物不可以终止，故受之以渐。渐者，进也。进必有所归，故受之以归妹。得其所归者必大，故受之以丰。丰者，大也。穷大者必失其居，故受之以旅。旅而无所容，故受之以巽。巽者，入也。入而后说之，故受之以兑。兑者，说也。说而后散之，故受之以涣。涣者，离也。物不可以终离，故受之以节。节而信之，故受之以中孚。有其信者必行之，故受之以小过。有过物者必济，故受之以既济。物不可穷也，故受之以未济终焉。

上面的文字，是按《周易》经文的上经（前三十卦）与下经（后三十四卦）两部分分别取义叙述的，两段文字的开头类似，即都是从天地万物开始。这说明易道所崇尚的变化：一是都离不开作为基础的自然界或天地万物，社会人事的活动都是对天地万物的顺承；二是天地不是孤立静止的存在，而是在相互交感中存存不已，所以不称乾坤和咸（感）卦之名，而以天地和夫妇之道来代替之，并因此而突出了万物始基和交感作用的价值。

《序卦》中六十四卦的排列次序，是有内在的逻辑联系的，前卦必然地导出后卦。其前后卦的关系，主要是两类：一是顺承，前后卦是承接的关系，直接谓之“受之”云云，譬如上经，乾坤天地之后，屯（始生）到蒙（蒙养）到需（饮食）到讼（争讼）到师（聚众）便是如此，它告知我们，易卦从前往后，表征的是事物发展的顺序变化，这要占易卦的多数；二是反对，前后卦是相反和转折的关系，即先言“不可（以）”如何，再转折以“受之”云云。与顺承往往多卦连续有别，反转通常持续时间不长，譬如下经开头六卦——咸（感）、恒、遁、大壮、晋、明夷：从咸（夫妇）到恒（长久）是顺承，从恒到遁（退避）到大壮（盛壮）是转折，从大壮到晋（上进）是顺承，而从晋到明夷（夷伤）从性质看是转折，但从趋势看是必然，故也可归入顺承。这一意义其实也具有一般性，即转折本身是事物发展趋势的必然反映，故与顺承实际是相须互补的关系，相反实相成也。这正是易道变化的精髓所在。

从具体卦例看，上经开头，开天辟地、气息相交而有万物生成，接下来的屯卦，就表明物之始生。作为始生之物的“屯”就是一棵刚出土的幼苗，故紧随其后的“蒙”便表明了物的始生非常稚嫩，蒙昧未发，处于稚嫩而蒙昧状态的孩童，必然需要抚养，而抚养首先须满足的是饮食的需要，故接下来的便是需卦，如此环环相扣，从始至终。当然，适当的诠释是必不可少的。

在下经，开头是咸（感）、恒二卦，但仍然从天地、万物发端，以自然为基而进入男女、夫妇之别，由男女夫妇而产生父子，由父子而导出君臣、上下的关系，礼义正是维护君臣上下这一古代社会最为根本的社会政治关系的。然而这一切都要从夫妇关系开始，所以夫妇之道（咸）的长久（恒）是至关紧要的。无夫妇之道，也就从根本上断绝了父子、君臣、上下，如此礼义既没有了生成的基础，也缺乏施与的对象，故从根本上被废弃了。

下经或全卦的最后，是未济卦。“济”本指渡河，未济之前是既济，既济卦上六爻辞是“濡其首，厉”。渡河而头部被浸湿是危险之象，故谓之“穷”，但“物不可穷也，故受之以未济，终焉”。未济则未穷，未穷则能生生不息。在这里，穷之所以能转向未穷，正是依赖易的变易之义。因为变易，物者不可终穷，必然转向新的通途，这便是未济卦揭示的真理。

另外，从卦象上看，六十四卦开头是乾坤，乾坤是纯阳䷀纯阴䷁，前面讲过日月为易，“阴阳”二字最典型地揭示了这一特征。阳为日为火，阴为月为水，所以日与月又可以是火与水。反映在卦象上，乾坤阳阴开头，到上经结束时是坎䷜离䷝，即水火各自的重叠，也可以看作是纯阴纯阳以水火的形式相互作用，以回溯天道运行的往返周流；再经过三十四卦的交互变化，到下经结束时是既济䷾未济䷿，仍然是重叠的水火，但不再是纯阴纯阳，而是日月水火相互错综，已完全交汇在一起，这也正是人事活动阴阳杂糅的“复杂”的特点。不过，所谓天下大事合则有分，未济预示着错杂的阴阳又将分离，回返到开初的纯阳纯阴，又开始了新一轮的有序变化。

**（二）《杂卦》之“杂”序**

《序卦》是对《周易》通行本六十四卦顺序的排列，在《序卦》之后的《杂卦》，也是对六十四卦的排列，但却与《序卦》不同，它并不理会通行六十四卦的次序，而是按照反对或关联的原则，将六十四卦按各自的性质错综交杂后重新进行组合，故谓之“杂卦”。如下：

> 乾刚坤柔。比乐师忧。临观之义，或与或求。屯见而不失其居，蒙杂而著。震，起也；艮，止也。损、益，盛衰之始也。大畜，时也；无妄，灾也。萃聚而升不来也。谦轻而豫怠也。噬嗑，食也；贲，无色也。兑见而巽伏也。随，无故也；蛊，则饬也。剥，烂也；复，反也。晋，昼也；明夷，诛也。井通而困相遇也。咸，速也；恒，久也。涣，离也；节，止也。解，缓也；蹇，难也。睽，外也；家人，内也。否、泰，反其类也。大壮则止；遁则退也。大有，众也；同人，亲也。革，去故也；鼎，取新也。小过，过也；中孚，信也。丰，多故也；亲寡旅也。离上而坎下也。小畜，寡也；履，不处也。需，不进也；讼，不亲也。大过，颠也；姤，遇

也，柔遇刚也。渐，女归待男行也。颐，养正也；既济，定也。归妹，女之终也，未济，男之穷也。夬，决也，刚决柔也。君子道长，小人道忧也。

从上六十四卦之“杂”可见，《杂卦》的错杂虽然也在取义，但与《序卦》的取义并不完全相同，《序卦》基本上是按一卦名字的直接字义去解，《杂卦》则是按卦的性质取义。由于仅以一字或几字判定一卦的性质，故尽管多数判定是恰当的，如乾刚坤柔、损益盛衰之始、革去故鼎取新等等；但也有个别不尽恰当的，如比乐、师忧就是如此。从比卦和师卦的卦爻辞可见，比卦不乏忧而师卦亦有乐。

《杂卦》错杂各卦的基本体例，是将六十四卦按性质对反的原则错杂成三十二对对偶卦，故所谓“杂”即“错杂”（交错）之义。但是，如此错杂体例在大过卦以前可以成立，没有问题。在大过卦之后的八个卦，却难以构成四对对偶卦，可能真的在流传中“错乱”了——错杂变成了错乱。东汉的郑玄就已觉得这八卦“卦音不协，似错乱失正”，但作为经学家，对待经文必须慎重，所以他直言不敢修改。郑玄说的前提是，古人以为《杂卦》的排列是按音韵的协调，譬如开篇的“乾刚坤柔。比乐师忧。临观之义，或与或求”就特别明显，犹如《诗经》开篇的“关关雎鸠，在河之洲；窈窕淑女，君子好逑”一样。因而《杂卦》整体上应是一篇韵文。但是，大过卦之后的八个卦又怎么办呢?

自宋学取代汉学，人们对经传文字及其排列次序不再死守，而是敢于发表自己的意见。例如苏轼等便对后八个卦的卦序进行了调整以协韵。不过，撰著宋学易学经典《周易本义》的朱熹还是比较慎重的，他认为：“自大过以下，卦不反对，或疑其错简，今以韵协之，又似非误。未详何义。”虽然朱熹本人“未详”，他的学生蔡渊却有进一步的推进，蔡渊经过自己的研究，确认大过以下卦为错简，而予以重新编排如下：

大过，颠也；颐，养正也。既济，定也；未济，男之穷也。归妹，女之终也；渐，女归待男行也。姤，遇也；柔遇刚也。夬，决也；刚决柔也。君子道长，小人道忧也。（《易经大全注语·杂卦》）

蔡渊的修改，既解决了朱熹提出的“卦不反对”的问题，而且也能够协韵，故从元明儒到今人高亨，多予以认可。高亨便以为：“如此改定，既合偶卦相连作解之例，又不失其韵，盖是也。”①

经过蔡渊的修改，大过的覆亡（颠）对颐卦的养正，既济的事成（定）对未济的未达（穷），归妹的有终身归宿对渐卦的待男方迎娶，姤卦的柔遇刚对夬卦的刚决柔，刚好

① 高亨．周易大传今注．济南：齐鲁书社，1979：663.

是四对对偶相连之卦。加上在这四对卦前面本来能够对偶的二十八对卦，终成三十二对对偶卦。最后的“君子道长，小人道忧（消）”，既可以是夬卦自身的阳刚（君子）长阴柔（小人）消，也可作为整个六十四卦崇尚君子美德的价值指向。事实上，它很可能就是从泰卦《彖传》搬用而来。如果说，《序卦》的卦序呈现的是易道生生的价值，《杂卦》的卦序引出的则是易道向善的美德。

## 四、《周易》卦爻象、卦爻辞的含义

《周易》卦象、卦辞和爻辞的含义，自《周易》产生以来，就始终处在不断的被诠释之中。但从在古代社会发生着长期影响并具有权威地位来说，唐宋以前，主要是孔颖达的《周易正义》；在此之后，则是程颐的《程氏易传》和朱熹的《周易本义》，它们都有长期作为官方学说的历史。

《周易》六十四卦中，从前面《序卦》的陈述可知，乾坤卦和咸恒卦分别居于天道、人道发端的地位。因为天地乃万物之本，夫妇则人伦之始，所以上经首乾坤，下经始咸（感）恒，它们最一般地体现了变易的性质。在这里，乾坤虽是天地父母，但作为纯阳纯阴之卦，它们提供的主要是后来全部易卦变化的历史和逻辑前提，即它们自身的性质与地位如何，在根本上支配着六十四卦发挥的作用。接下来，天地父母要对人世施加作用，必须要夫妇交感才有可能，这便是咸（感）所承担的职责。而夫妇之道需要恒常持久，故咸（感）之后为恒。由于天地、夫妇的交感生成了宇宙万物和人类社会，从而使天道和人道都得以运转和延续，而泰卦则专门是一个天地夫妇交感之卦。下面遂以此几卦为例，并结合《彖传》、《象传》和《文言传》的解释，来分析一下《周易》卦爻象、卦爻辞的含义。

### （一）乾坤卦

俗话说，开天辟地是宇宙的初始。而有天地才能有万物，所以先看乾䷀、坤䷁两卦：

乾卦卦辞：

元亨利贞。

坤卦卦辞：

元，亨。利牝马之贞。

君子有攸往，先迷后得主，利。西南得朋，东北丧朋。安贞吉。

乾卦爻辞：

初九：潜龙勿用。

九二：见龙再田，利见大人。

坤卦爻辞：

初六：履霜，坚冰至。

六二：直方大。不习无不利。

九三：君子终日乾乾，夕惕若厉，无咎。

九四：或跃在渊，无咎。

九五：飞龙在天，利见大人。

上九：亢龙有悔。

用九：见群龙无首，吉。

六三：含章可贞。或从王事，无成有终。

六四：括囊。无咎无誉。

六五：黄裳。元吉。

上六：龙战于野。其血玄黄。

用六：利永贞。

乾坤作为天地父母和《周易》发端之卦，虽然阴阳性质相反，但相反相成，贯穿其中的体例、原则和方法等等，对随后的六十二卦具有指导的作用，所以需要对此进行概括。

从卦辞看，乾坤两卦在形式上最明显的区别是字数的多寡。如果排除这一点，则乾坤两卦都有“元亨利贞”的筮辞。只是坤卦突出了“牝”的自身性质，其后再叙述了君子所往的遭遇和结局的吉利。

从爻辞看，乾坤两卦阴阳性质不同，其在叙事、寓言、断占和期待等方面都有差别，但越过现象的差别，可以发现两卦在不少方面都表现为相通的品格。

先看初上爻：乾卦初爻立足现实，坤卦初爻预示将来，这是差别；但乾卦初爻的“勿用”是为了将来之用，即“潜”是当下而“用”在将来，这与坤卦初爻“履霜”是当下而“坚冰至”是将来又具有同一的性格。两卦上爻的筮辞取向也是如此，它们是全卦中唯一表示不吉的。乾上九明言“有悔”，坤上六虽未明言，但战与血的场景明显也是凶象。两卦上爻之所以不吉，在于不知退避而任其发展到极端，从而导致悔吝的结果。故到孔颖达作《周易正义》时，便概括出了“物极则反”的著名命题。

再看第二、五爻：筮辞取向均属吉利之占，这可能跟后来提炼出的二、五爻均为中爻而得中为吉有关；而第三、四爻总体属于“无咎”，按爻位不属于吉利之位，故不应自作主张，而是需要自我警惕、含蕴美德和顺从王事，这样方能保持于安稳之地。同时，这里也说明，在古代社会“王事”的至关紧要性，只要是顺从王事，即便事不成功，也是应当肯定的。

从方法上说，乾坤两卦告诉我们的，是极则不吉，中则有利，故守中是至关紧要的。当然，“中”不是当然不变，而是随时调适，即所谓“时中”，“时中”后来也成为儒家最为根本的价值准则。

从一般象征说，乾卦六爻主要以龙的静、动和飞升之象来象征和比喻，基本精神是积极进取、刚健有为的，表现了进化发展的精神和物极必反的道理。《易传》对此精神进行了提炼和阐发，如《彖传》提出“乾道变化，各正性命，保合太和，乃利贞”；《文言传》以元亨利贞为“四德”而突出“仁”的地位和价值，阐明圣人“与天地合其德”，“先天而天弗违，后天而奉天时，天且弗违，而况于人乎，况于鬼神乎”的对仁德和主体精神的弘扬，都是乾卦提供给我们的教益，对中华民族民族精神和中国传统天人合一观的形成都具有重要影响。

但是，离开了坤，乾不能独立地发挥作用，坤卦与乾卦相互配合、密切联系而共同成为宇宙万物的本原。与乾的阳刚、强健相适应，坤表现出阴柔、逊顺的特性。刚柔、健顺相济才能生万物，成变化。乾阳健而自强不息，坤阴柔而厚德载物。《象传》借大地的广厚揭示中华民族的博大胸怀和负重耐劳的品格，抒发逊美之德宽厚博大无比。与乾卦的“天行健，君子以自强不息”相呼应的，是坤卦的“地势坤（顺），君子以厚德载物”。

同时，坤卦《文言传》也宣示了在父系家长制统治下的基本社会关系，即相对于天道、夫道、君道，提出了地道、妻道和臣道的概念，以为阴不敢自己有所成，而只能是顺承阳（君、夫）以成事，将阴的逊顺之德重点表述为臣服于阳的顺从和谦卑。这对后来中国社会君臣、父子、夫妇三纲思想的形成，具有重要的影响，我们对此也应当予以足够的重视。

### （二）泰卦

在《周易》中，泰卦䷊本是与否卦䷋相对而言的，即一则通泰，一则阻塞，但因我们这里主要从乾坤阴阳的交感而言，也为节省篇幅，就只介绍泰卦。如下：

泰卦卦辞：

小往大来，吉亨。

泰卦爻辞：

初九：拔茅茹，以其汇。征吉。

九二：包荒，用冯河，不遐遗。朋亡，得尚于中行。

九三：无平不陂，无往不复。艰贞无咎。勿恤其孚，于食有福。

六四：翩翩，不富，以其邻。不戒以孚。

六五：帝乙归妹，以祉元吉。

上六：城复于隍。勿用师，自邑告命。贞吝。

泰卦的卦辞是“小往大来，吉亨”。在日常经验中，失小而得大，小去而大来，无疑是吉祥亨通之事。但在儒家的价值系统中，小特指阴，指小人；大特指阳，指君子。由此，将在质上本无大小、在量上亦各自对半的阴阳认定为阴小而阳大、阳尊阴卑的社会价值导向已经发生了作用。这也是《象传》和《周易正义》等经典一致的看法。

从爻辞看，泰卦六爻，是阳（天）三爻在下而往上升，阴（地）三爻在上则往下降，从而形成天地交泰、万物和谐的吉祥景象。如此之卦形，是典型的阴阳交通、天地合一卦。它既能解释天道，也能适用于人道，所以《象传》以此说君主的裁成辅相以治理民众。进入各爻爻辞，联系、对立和转化是明显的特色，如初九的相互牵连；九二的渡河、与朋友关联和尚中；九三的平陂与往复的转化；六四的鸟上下翻飞、己与邻同贫；六五的姻亲相连［一般解为帝乙嫁（少）女给周文王（为周邦王妃），有福，吉祥］；上六的城倒与国难（天人相关）；等等。

所以有联系和转化，基本的条件和依据是阴阳上下的相互作用，由此造成天地间普遍而永恒的生成变化。特别是九三爻提出的“无平不陂，无往不复”的普遍联系和互相转化的规律，揭示了两极相通这一客观真理，对古代中国理论思维的发展具有深远的影响。

**（三）咸恒卦**

咸（感）䷞恒䷟两卦都是卦之上下二体合为夫妇之道，夫妇之道不可不久也。不过二卦又有少男少女与长男长女的地位尊卑之分。如下：

咸（感）卦卦辞：

亨，利贞。取女吉。

咸（感）卦爻辞：

初六：咸其拇。

六二：咸其腓，凶，居吉。

九三：咸其股，执其随，往吝。

九四：贞吉悔亡。憧憧往来，朋从尔思。

九五：咸其脢，无悔。

上六：咸其辅颊舌。

恒卦卦辞：

恒：亨。无咎，利贞。利有攸往。

恒卦爻辞：

初六：浚恒，贞凶，无攸利。

九二：悔亡。

九三：不恒其德，或承之羞。贞吝。

九四：田无禽。

六五：恒其德。贞，妇人吉，夫子凶。

上六：振恒，凶。

对于咸（感）卦，《彖传》阐发卦辞之义说：“咸，感也。柔上而刚下，二气感应以相与。止而说，男下女，是以‘亨。利贞，取女吉’也。天地感而万物化生，圣人感人心而天下和平。”

咸卦卦象，从天道讲，是下艮为山，上兑为泽，山气上升，泽气下降，形成二气相感相应，以生万物，故曰“感”也。从人道讲，下艮为少男，上兑为少女，少男少女相悦且为“以男下女”，指男方主动求亲迎娶的一整套礼节仪式，由此使夫妇能相亲相爱，亨通长久。结合起来，山（阳）泽（阴）二气相感而万物亨通，男女两性相感而家道亨通，是为有利之占，所以说是“亨，利贞。取（娶）女吉”。《荀子·大略篇》发挥说：

"《易》之《咸》，见夫妇。夫妇之道，不可不正也，君臣父子之本也。咸，感也。以高下下，以男下女，柔上而刚下。聘士之义，亲迎之道，重始也。礼者，人之所履也。……故人无礼不生，事无礼不成，国家无礼不宁。"这里的关键是以男女两性的婚配为"始"，从而由夫妇之道繁衍出整个君臣父子关系的"正道"，所以说男女婚配是君臣父子之"本"。由此也为咸卦在整个《周易》系统中所处的关键地位定下了基调。

从爻辞看，咸卦六爻综合起来的一个明显特点是，就人体而言的自下而上的顺序排列，即由足之拇开始，拇、腓、股、脢、辅、颊、舌，叙述了整个人体相感的过程。《周易》讲变易以"生生"为最高原则，"生"理是宇宙间最根本之理，而所以能生生，前提是阴阳、男女的交感，咸卦突出了二性交感对宇宙和人生的意义。

进一步，为了强调男女夫妇之道的永恒不变，咸卦过后紧随的便是恒卦。《序卦》强调"夫妇之道不可以不久也，故受之以《恒》。恒者，久也"。由咸卦揭示出来的夫妇之道经恒卦而得到了强化。

不过，由夫妇的成家到婚姻持久，男女双方的地位却有变化。咸卦少女在少男之上，以男下女，是男女交感之义；恒卦却是相反，长男在长女之上，所谓"男尊女卑，夫妇居室之常道也"。这是易学经典《程氏易传》中所说的。程颐还说："论交感之情，则少为亲切；论尊卑之序，则长当谨正；故兑艮为咸，而震巽为恒也。男在女上，男动于外，女顺于内，人理之常，故为恒也。"理学家肯定少男少女的相爱之情，但也强调男尊女卑、男外女内的家庭居室之"常道"。

恒卦卦辞与咸卦卦辞一样都是吉利的，恒之道亨通无咎且有利。《彖传》有很长的一段话来阐释这一恒常之道，并把重点放在了变化的常在性上。因变化常在而能恒久，并以"刚上而柔下，雷风相与，巽而动，刚柔皆应"来发明恒义。恒卦卦象是震上巽下，震与巽之间，是刚卦上而柔卦下，雷震与风发相须相助，既能动又逊顺，刚爻与柔爻全相应，从"理"上讲就应当是长久之道，所以为恒。

如此十分吉祥之卦，从根本上体现了天地运动不息之理，一切都在变化之中，变化才是常理。终而复始，所以恒而不穷。"凡天地所生之物，虽山岳之坚厚，未有能不变者也。……唯随时变易，乃常道也。"人之恒就在于随顺天地变化之理而积极行动，获得利益也就理所当然。

从爻辞看，恒既然体现在变化之中，如果只知僵硬地执着于常而不能度势而变，便会导致凶的结果；相反，如果能居正适中，才能转危为安；所以正其位的恒常处才应居处，如果不当处而处，或以不恒为恒，凝固僵化，只能被羞辱；不得其道而想有长久之益，只能是徒劳（如同打猎而没有任何收获一样）；不过，德行恒常又有男女、夫妻之别，妻子阴柔，以顺为正，故顺从对于女子就是吉；丈夫阳刚，若仍以顺从（妻子）为德，不能以义制之，失去做主之义，结果自然是凶。《象传》在这里提出了“妇人贞吉，从一而终也”的观点，在后世有很大的影响。当然在理学家那里，夫妇双方都应如此，因为夫妇之道的恒常，是“夫妇终身不变者也”，对双方都有约束力，与后世的理解有不同。到上六，恒到极端，自然应当谨慎而不能乱动，故提醒道，若躁动不常，无节制振动，则会有凶，不可能获得功劳。

孔颖达在《周易正义》中总结说：“乾坤象天地，咸恒明夫妇。乾坤乃造化之本，夫妇实人伦之原。”从乾坤到咸恒，重点突出了在性质对立基础上的两性交通和相感，由此才可能有一个和谐美满的世界并且生生不息。因而，天尊地卑，阳尊阴卑，贵贱定位只是社会统治秩序确立和运转的一个方面。另一方面，它必须以双方上下的和谐感通为内容，阻断相交相感，天道、人道均不可能生存和延续。西周末史官伯阳父言：“夫天地之气，不失其序”，如果“阳伏而不能出，阴迫而不能烝”（《国语·周语上》），自然秩序必然会发生崩溃，人间的礼仪制度也失去了依附的根基，故交感之义大矣哉！这可以说是作为中国文化生命之源的《周易》告诉我们的最重要的道理。

### 思考题

1.《周易》与《易经》是什么关系？
2.《周易》是如何构成的？
3. 怎样理解贯穿《周易》的阴阳相感和对立变化思想？

## 第二节　尚书

《尚书》是记录上古帝王言行事迹之书，所记大约从公元前 2000 年的尧舜的事迹到公元前 7 世纪的秦穆公的言行。“尚”者“上”也，古代简称《书》，是儒家“五经”之一，故又称《书经》，相传由孔子编选而成，实际也应包括弟子后学所做的增补修订工作在内。

### 一、《尚书》的曲折身世

在流传至今的中国古文献中，《尚书》是遗失最多且后人争议最大的经典文本。按孔安国《尚书序》，孔子当时整理出的《尚书》，包括典、谟、训、诰、誓、命不同文体在内，共有一百篇。孔子整理的目的，则在于“恢宏至道，示人主以轨范也”，即为后来的统治者提供治理天下国家的基本指导思想和施政原则。尽管在随后的 2 000 多年中，统治者往往不依《尚书》行事，但至少在形式上，仍一代代传承下来。如今，在北京故宫殿堂的众多楹联上，多见《尚书》的影子，很多还是原文引用。

《尚书》从孔子整理出的一百篇，到了秦末汉初，因为秦焚书坑儒的缘故，大量散失，只剩下在汉初还活着的秦博士官伏生口授传下的二十九篇，由于记录者晁错用当时通行的隶书写成，故后被称为《今文尚书》。汉景帝时，鲁共（恭）王刘余喜好修治宫室，于是拆毁孔子的旧宅来扩建自己的宫室，结果在孔子旧宅的夹壁中发现了用先秦篆文所书写的《尚书》以及《礼记》、《论语》、《孝经》等经传文字。时人以伏生所传下之《尚书》相互考校，并将能确定者用隶书写定下来，这被叫作“隶古定”。这部分内容较伏生书多了二十五篇。两者结合再进行整合编排，得五十八篇（加上序文一篇共是五十九篇）。孔安国将此献给朝廷，并承诏为《尚书》经文作传，这也就是我们今天看到的篇目数。

然而，更曲折的情况在于，由于汉武帝晚年的巫蛊之祸，五十八篇本《古文尚书》无法得到朝廷恩准推行，孔安国于是只能以今古文家共同认可的二十九篇“隶古定本”私相传授，成为孔家的私学。不久，孔安国去世，五十八篇本《古文尚书》立于学官之事也就再无人顾及。

此后历魏至晋，《古文尚书》虽无传者，但在皇宫秘府仍有保存，到晋永嘉之乱时才最终亡佚。东晋以后，情况又出现了变化。其时豫章内史梅赜，又重新获得了原认为已遗失的孔安国所传《尚书》并献给朝廷。虽然其中也有缺失，但由于东晋初的书荒，梅赜所献的《尚书》在客观上就显得格外尊贵，故其得以立为学官并流行开来。但是，梅赜所献本是真是假，在后来经学史上引起了不小的波澜。

从东晋《古文尚书》的流传看，梅赜献书时虽已不完整，但似乎还有搜寻购得的可能，这一努力直到东晋后期范宁为之注解时才彻底放弃。梅赜于东晋初献《古文尚书》，东晋末范宁为之作注，二人相隔半个世纪，先后都担任过豫章地方的行政长官，他们能收集到孔氏所传的《古文尚书》，当与豫章当地《尚书》学的流行和他二人具有地方最高长官的身份而便于收集文献资料有关。

范宁之后，齐建武四年（公元 497 年），又有姚方兴献原缺失的孔传本《舜典》一篇。就是说，东晋已缺的《舜典》在南齐时又出现了，但姚氏所献本与梅赜本又有不同，因为他所献本在原《舜典》开篇的“慎徽五典”之前，又多出“曰若稽古，帝舜曰重华，协于帝。浚哲文明，温恭允塞，玄德升闻，乃命以位”二十八字。

然而，姚方兴所献《舜典》，后来被人指为作伪。梁武帝萧衍便严重怀疑此书，再加上姚氏本人在献书后不久即因罪被杀，该《舜典》便被搁置，以致几近散失。直至隋朝建立，搜求遗典，才又重新购得。隋初经学家刘炫将其并入孔传本《尚书》，孔颖达《尚书正义》亦用姚氏本，该本方得以流传下来。

再往后，由于梅赜所献《古文尚书》在宋代以后被怀疑有伪，而姚方兴献《舜典》是在梅赜所献《古文尚书》基础上的增补，故又被认为是“伪中之伪”。然怀疑归怀疑，它并不影响《古文尚书》的继续流行和传播。如今，随着更多的地下文献的出土并且研究更加深入细致，人们对这一问题有了更为公允和慎重的态度。至少，孔颖达作《尚书正义》，已将梅赜所献《尚书》与《今文尚书》混合编排，并构成流传至今的五十八篇本《尚书》。它作为国家和民族的经典，自东晋尤其是唐以后一直在影响着人们的思想和国家的执政行为。

今天，在一批从文物市场上收购来的被称为《清华简》的简牍文献中，有整理者所公布的《古文尚书》诸篇，其篇目和内容与传世本《古文尚书》存在明显差别。这些简牍文献的入土时间，据整理者说是战国中晚期，倘若不误，作为早已泯灭了的文献，也不能成为中国文化经典，因为它们对秦汉以后“大一统”的中国社会和中国文化没有产生影响。作为中国文化经典并实际影响了中国政治和文化进程的，仍然是包含今古文在内的传世本《尚书》。这一道理，仅从北京故宫各楼堂宅殿楹柱上大量取自传世本《尚书》的对联就可以显示出来。这些对联至少在形式上，时时提醒和儆戒着当时统治国家的帝王和公卿大臣们。

## 二、《尚书》的构成

通行本《尚书》共五十八篇，由《虞书》《夏书》《商书》《周书》四部分组成。不过，也有将《虞书》与《夏书》合并而称《虞夏书》的。按后者便是三部分。每部分篇目多少不等，《虞书》《夏书》都很少，分别为五篇和四篇，《周书》最多，占全部篇目的一半以上。

### （一）《尚书序》

今本《尚书》前载有相传孔安国所作的《尚书序》（《大序》），述《尚书》所以作之意以及先秦至汉初《尚书》流传的情形；而《尚书》每一篇的开头，亦有一小段序文，概举本篇经文之意。汉刘歆、班固称此《序》为孔子所作（《小序》）。不过，随着宋以后学者对此问题的重新思考，认为《小序》“虽颇依文立义，而识见浅陋，无所发明，其间至有与经相戾者”，故否定其为孔子所作。至于所传孔安国所作之《序》（《大序》），亦因其不符合汉初语言风格而被怀疑是后人伪托。不过，对《序》文作者的怀疑和否定只是一方面；另一方面，因其毕竟有助于人们对《尚书》文义的理解，故通常仍被载于各本《尚书》之中。

《尚书》作为上古历史文件的汇编，由于传世久远，不但有大量遗失，而且现存各篇内容也存在不同程度的错乱。《尚书序》（《小序》）揭橥的《尚书》各篇所作之意，实际是各历史朝代帝王事迹的反映，故《尚书》原有而后已失传的诸多篇目亦相应记载于其中。例如，它叙述商初商汤和伊尹的事迹及相应《尚书》篇目曰：

> 自契至于成汤八迁，汤始居亳，从先王居。作《帝告》、《厘沃》。
>
> 汤征诸侯，葛伯不祀，汤始征之，作《汤征》。
>
> 伊尹去亳适夏，既丑有夏，复归于亳。入自北门，乃遇汝鸠、汝方，作《汝鸠》、《汝方》。①

以上五篇文字，早在孔颖达作《尚书正义》时，便已不存。假定《序》中所述不误，那么，我们凭此知道《尚书》原本还记载有更多的历史事迹和圣王活动。

不过，《尚书序》对《尚书》各篇所作之意的揭橥，也有不尽合理的情形。例如，《康诰·序》称：“成王既伐管叔、蔡叔，以殷馀民封康叔，作《康诰》、《酒诰》、《梓材》。”在后人看来这便与史事不合。经宋儒考证，《康诰》不是讲成王故事，而是讲武王故事。《尚书序》实际是将武王封康叔于卫与后来成王伐管、蔡两件事混同在一起。与此相应，《康诰》与《酒诰》《梓材》三篇就都属于武王书而非成王书。此错乱的发生，在于《康诰》篇首讲述周公事迹的四十八字，实为在后的《洛诰》脱简，而错误拼接于此处。它本来的位置是在《洛诰》开篇“周公拜手稽首”之前，即为《洛诰》第一段文字。按此，《康诰》篇首应当直接以“王若曰：‘孟侯，朕其弟，小子封’”开头。

同时，《尚书序》是按传世本《尚书》的现状去叙述《尚书》各篇的先后次序的。然而按后人的眼光，这存在不少不合逻辑的情形，故在后来引起了颇多的质疑。譬如南宋胡宏辨《高宗肜日》《君奭》《无逸》等篇目次序，蔡沈论《康诰》《酒诰》《梓材》当在《金縢》之前等，都是这一质疑的成果。宋儒思考的基本理由是篇目次序的合“理”性或逻辑性的问题，有无“是理”是他们认定典籍是否为圣人所作的基本标准。但《尚书》篇目次序的形成，涉及历史的复杂性和偶然性，不是仅拷问其是否合理就能完全解决的。

① 王春林.《书集传》研究与校注.北京：人民出版社，2012：377.

在此意义上，《尚书序》所述《尚书》诸篇的前后次序，总体上还是依循了历史演进的顺序，因而也成为人们阅读《尚书》和了解历史脉络的重要参考。

### （二）虞书

《虞书》即虞舜之书，包括《尧典》《舜典》《大禹谟》《皋陶谟》《益稷》在内，一共是五篇。从篇目编排说，《尧典》虽然是记唐尧之事，然因为由虞史所作，故仍归于《虞书》;《益稷》则因与《皋陶谟》文势相接续，故《今文尚书》将其合并于《皋陶谟》。而《古文尚书》之所以分开，按蔡沈的解释，是因古之简册以竹为之，所编之简不可能过多，故分而为二。倘若如此，分篇为二就只是一种方便的行为，并非有专门的意图。

五篇之中，《尧典》《舜典》为“典”，也是整部《尚书》中仅有的被称为“典”的两篇。突出了尧舜作为后人敬仰的圣王，其事迹作为“常法”的意义。又因为所记尧舜时代的传说，包括尧舜禹禅让、舜治理天的事迹、舜与禹还有皋陶等臣的对话都是围绕舜来进行，所以统称为《虞书》。

《虞书》之中，就其对后来治国理政和思想文化发展的影响来说，《大禹谟》最为重要：一是它提出了“善政”“养民”的观念和相应的正德、利用、厚生“三事”的治国纲领；二是舜在向禹禅让天下时，陈述的所谓“十六字心法”——“人心惟危，道心惟微，惟精惟一，允执厥中”。后者与《论语·尧曰》篇尧舜禹相授受的叮咛告诫相呼应，只是《论语》中只有“允执其中”四字且其情景是尧对舜言，舜再将尧之言转述给禹。《大禹谟》陈述的这“十六字心法”，在宋以后经过朱熹的阐释，成了理学道统论最重要的理论基石。

### （三）夏书

《夏书》即记述夏王朝史迹之书，但所记内容集中在夏代初期，包括《禹贡》《甘誓》《五子之歌》《胤征》在内，一共是四篇。其中，《禹贡》是中国最早的地理学专著，第一次描述了中国的“九州岛”及其山川与出产。同时，结合《虞书》，中国历史的开篇可以说是由鲧禹父子的治水业绩来贯穿的，到《禹贡》最终完成了这一伟业，奠定了中华民族赖以生息的大地基业。《五子之歌》篇则提出了“民惟邦本，本固邦宁”的重要观点，开启了中国政治思想中最重要的民本基调，以民为本遂成为几千年中国上下一致认同的最根本的治国指导思想。

结合孔颖达《疏》并参《史记》，《甘誓》篇所记，乃因禹之子启继禹位而有天下，改变了尧舜禹相禅的历史定制，诸侯有扈氏不服而造反，故启号令军队进行讨伐。这从文献上为父传子、家天下的帝王世袭制的肇始提供了论据。不过，《史记》和《尚书正义》的这一解说受到后人质疑，如蔡沈便认为此属“臆度”。

从历史演变说，自《夏书》开始，中国历史发展由传说中的“五帝”时代进入“三王”时代。

**（四）商书**

《商书》即记述商王朝史迹之书，共有《汤誓》、《仲虺之诰》、《汤诰》、《伊训》、《太甲》上中下、《咸有一德》、《盘庚》上中下、《说命》上中下、《高宗肜日》、《西伯戡黎》、《微子》等十七篇。其中，《咸有一德》之前所记为商初之事；《盘庚》以后则属于商后期的历史，中国历史进入商以后，记载历史的文献和实物都大大增加，越来越丰富，《商书》也就告诉了我们更多关于商王朝的政治事件和治国理政思想。

中国历史朝代的更替，伴随着商王朝的产生，开启了一种通过“革命”的手段推翻前朝统治的新模式。自此之后，尧舜禹的禅让与汤武的革命，就成为中国历史朝代演变的两种基本模式，双方互相结合、互为补充，共同维系着传统王权政治的绵延和发展。

《商书》思想丰富，首先，《仲虺之诰》等篇陈述了革命的正义性，其所记载的“葛伯仇饷”的故事，阐明革命是得到人民真心拥护的正义举动。其“徯予后，后来其苏（待我王，王来了使我们得以复生）”之言，生动再现了苦难中的人民期盼圣王解救他们逃离苦难的热切心愿。革命的合法性最终建立在民心所向的基础之上。同时，革命也是顺应天道之举，《汤诰》提出了在后来影响深远的“天道福善祸淫”的观念。

其次，与此相适应，强化了德行的意义，商能得天下在于有德，敬德为民的观念贯穿于各篇之中，并专有《咸有一德》篇对此予以阐发，直至《高宗肜日》都是如此。最后两篇则是通过商纣王的沦丧败德来衬显西伯与周的兴起的合理性。

最后，在哲学思想的层面，《太甲上》提出了“习与性成”说，表明人性善恶并非天生，而是在人后天的行为习俗中逐步养成的，这深刻影响到后来以变化的观念解释人性的理论；而《说命中》傅说所言的“非知之艰，行之惟艰”（后被概括为“知易行难”），在中国知行学说的发展史上打下了深深的烙印，近代孙中山先生专门为此提出了“知难行易”说以进行历史总结。

**（五）周书**

《周书》即记述周王朝史迹之书，篇目众多，总量占到《尚书》全部篇目的一半以上。当然，这只是就保存和流传下来的部分而言，并不意味着《周书》本来篇目就多。

1.《周书》的篇目

《周书》的篇目，包括《泰誓》上中下、《牧誓》、《武成》、《洪范》、《旅獒》、《金縢》、《大诰》、《微子之命》、《康诰》、《酒诰》、《梓材》、《召诰》、《洛诰》、《多士》、《无逸》、《君奭》、《蔡仲之命》、《多方》、《立政》、《周官》、《君陈》、《顾命》、《康王之诰》、

《毕命》、《君牙》、《冏命》、《吕刑》、《文侯之命》、《费誓》、《秦誓》，一共是三十二篇。

《周书》的众多篇目，可以大致区分为以下几大部分：

首先，从《泰誓》到《立政》，二十一篇，主要围绕武王和周公的史迹写就，其间也涉及召公和成王等人的活动，中心是武王克商和周的新的统治秩序的建立。围绕这一中心，内容集中在如何在安抚和镇压商顽民的基础上巩固周王朝的统治，以及周王朝新的治国理念及其新政的推行上。在这一部分，武王伐纣和周公摄政（代成王）治理天下是两大热点。

其次，从《周官》到《毕命》，五篇，主要记述成王和康王的事迹，周代官制和礼仪制度由此奠定成型。

再次，从《君牙》到《吕刑》，三篇，记载周穆王事迹，重点陈述了周代的刑罚政治，以及如何与德政相协调。

最后，从《文侯之命》到《秦誓》，三篇。其中，《文侯之命》披露了周之衰落的不可避免；《费誓》《秦誓》都是诸侯国之事而系于《尚书》这部言王政的帝王书之末。从此，三代的圣王和贤能政治转向春秋战国的天下纷争，《尚书》也走完了自己的历史进程。

2.《周书》的主要思想

《周书》因其时代更近和篇目更多，展现的时代政治也更全面，对后来中国社会的发展影响也更大。

第一，天命立足于民心，天意依从于民意。《泰誓》提出的“民之所欲，天必从之”“天视自我民视，天听自我民听”的观点，将历来只能仰视、至高无上的天命请下了神坛，民众的意志成了天命的根本，这对中国政治中敬天保民的观念和反对天命的神秘化有重要的规范作用。

第二，无偏无私的王道公平观。《洪范》在论述“皇极”思想时，揭示出“无偏无党”“无偏无陂”的“王道正直”的治国原则，提出了天下为公、无偏无陂的公平执政理念，要求人君无偏私无陂曲，不能出于私心乱行赏罚，从而使得贤能之人拥有相对均等的被选拔任用的机会，而机会的平等本来是如今讲究公平正义的一个重要原则。与此相呼应，《蔡仲之命》讲“皇天无亲，惟德是辅”，重点不仅在“惟德是辅”的以德行为上天辅助之必要条件的告诫，更在于它的必要前提“皇天无亲”，即通过上天“无亲”或“无私”——上天并不私爱谁——表达出来的公正平等意识。换句话说，“无偏无党”“无偏无陂”的公平执政正好是对“皇天无亲”的现实发明。

第三，与“惟德是辅”相关联的，是《君陈》的“明德惟馨”，它彰显了德行对于王道政治的意义，即它如同馨香熏染一般具有引导性。君王的德行对于人民，要像食物的香气引导人民向往一样。因而君王必须要"敬德"，"敬德"的观念贯穿于整个《周书》之中。周人从历史实践中认识到，只有敬德，才能保民，才能享有天下国家，这也成为后来儒家以德治国理念的源头。

第四，《洪范》全面阐发的治国理念。《洪范》是身为商人的箕子，为"革命"成功的周武王陈述自尧舜禹以来治理天下的大法，提出了在后来影响深远的所谓"洪范九畴"。"九畴"之中，列为第一的"五行"最为要紧，它反映了古人对于宇宙间物质元素及其存在和运动方式的最基本的看法。水火木金土"五行"重在"行"即运动，存在与运动是一体不二、同存与共的，运动是元素的基本性质，也是这些元素的存在方式和价值所在。所以，"润下"既是"水"的性质，也是水的存在方式；"炎上"既是"火"的性质，也是火的存在方式。木、金、土的情况则有所不同，因为人的活动已参与其中：木、金之"曲直""从革"，不仅仅是它们自身的性质，由曲到直、随从变革都是在人的加工活动中实现的；土之"稼穑"更是在能"生"之性基础上，农业社会人们辛勤耕作收获的真实写照。

在《虞书》的《大禹谟》中，已经提出有"六府三事"的观念，"六府"是"五行"加"谷"，"三事"亦不离农政，说明帝王的"善政"和"地平天成"的伟业，都是建立在农业生产及其粮食收成的基础上的。发展到《洪范》的"农用八政"，可以更清楚地看出，国家的官制、礼仪和军队的设立都是以"食""货"的经济活动为根本的前提。立足于经济基础之上的国家政治，最根本的是"建用皇极"，君王要建立起充分践行人伦的最高典范，好德爱民，公正无偏，天下四方从君王而取正，王道荡荡的天下也就可以期待。这在当时是一种理想，但它并不完全是空想，在后来数千年的政治实践中，《尚书》期待的以德治国，在不同时代和不同环境条件下，始终是制约君王治国理政实践的道德力量。

第五，从《舜典》到《吕刑》的辅助德政的刑罚政治。自尧舜以至三代，以德治天下国家无疑是贯穿《尚书》的一条主线；但同样是从尧舜开始，用刑罚惩治罪恶就从来没有停息。《舜典》有舜"象以典刑（法以常刑——五刑：墨、劓、剕、宫、大辟），流宥五刑（宽宥而流放），鞭作官刑（鞭刑），扑作教刑（学校体罚），金作赎刑（黄金赎罪），眚灾肆赦（缓刑/赦免），怙终贼刑（有恃再犯受刑），钦哉，钦哉，惟刑之恤哉"的记载，以及"流共工于幽州，放驩兜于崇山，窜三苗于三危，殛鲧于羽山，四罪而天下咸服"的刑罚的实际施行，所以德治从来不是与刑罚相分离的。到《吕刑》，则将以五刑为代表的不同刑罚的实施进行了具体阐发，强调了刑罚与德政应当互相配合，"惟敬五刑，以成三德（正直、刚、柔）"。

《尚书》刑罚政治的一个重要思想，是执法的从轻和权变观念。从《大禹谟》到《吕刑》，“罪疑惟轻”是一个典型的代表，即当施行刑罚有可轻可重时，采取从轻处罚的原则。刑罚虽是死的，但执法却是活的，故对不同人和不同时代，需要有权变，所谓“轻重诸罚有权”也。“仁”的观念在《尚书》已有雏形，体现在刑罚实践上，就是“与其杀不辜，宁失不经。好生之德，洽于民心，兹用不犯于有司”（《大禹谟》）。就是说，与其杀不当罪之人，宁愿（保全他而）自受失刑之责，以使仁爱的好生之德浸润人心，人民受其感染熏陶而不再违法。这可以说是德治思想进入刑罚政治后的结果，后来则成为中国法制的一个指导性的观念。

## 三、《尚书》的文体

《尚书》的文体，按孔颖达在《尚书正义》中的归结，包括典、谟、训、诰、誓、命、征、贡、歌、范在内，一共有十类，分述如下：

“典”即《尧典》《舜典》两篇，从前述“典”之文字可知，直接便具有受到尊崇的经典的意义。

“谟”即《大禹谟》《皋陶谟》，以及虽未名为“谟”但实际仍属于“谟”的《益稷》。“谟”即“谋”之义，意味大禹和皋陶为舜陈述的治理天下的谋略、策划，以及天子当警戒之事。

“训”，《尚书》中明确称“训”者只有《伊训》一篇，然亦有一些不称“训”而实为训体者。如《伊训》之后的《太甲》上中下、《咸有一德》，都是伊尹训诫太甲之事；《高宗肜日》则是祖己训诫高宗，《旅獒》《无逸》是召公、周公训诫成王，其共有的特点则都是执政大臣训诫天子。

“诰”，《尚书》中“诰”类文体最多，共有二十二篇，主要指君王或执政大臣对诸侯臣民（也有对天子和公卿）所做的告诫或勉励。其中，明确称“诰”的，如《仲虺之诰》《汤诰》《大诰》《康诰》《酒诰》《召诰》《洛诰》《康王之诰》等；但《尚书》中，还有许多未名“诰”而实则为“诰”者，如《盘庚》上中下、《西伯戡黎》、《微子》、《武成》、《梓材》、《多士》、《君奭》、《多方》、《立政》、《周官》、《吕刑》等都属于“诰”。诰类的命名方式主要有两类：一是以人命名，这或者指诰谕者本人，如《仲虺之诰》《汤诰》《盘庚》《微子》《召诰》《康王之诰》《吕刑》等；或者指接受诰谕者，如《康诰》《多士》《君奭》《多方》等。二是以内容命名，如《西伯戡黎》《酒诰》《武成》《立政》《周官》等。另外，《金縢》记载周公祝祷之事及其应验，亦可归于“诰”类。经学实践中，通常认为“诰”类文体是较为难懂的部分。

“誓”，《尚书》中以“誓”命名者不少，其含义数千年来大致保持不变，就是“誓师”以讨伐罪虐之意，包括《甘誓》、《汤誓》、《泰誓》上中下、《牧誓》、《费誓》等篇。但《秦誓》一篇不同，为秦穆公悔过自责而发誓。各“誓”之所得名，《甘誓》《牧誓》《费誓》源于誓师之地；《汤誓》《秦誓》因应发誓之人；《泰誓》之“泰”（太）则通“大”，即“大誓”之意。“誓”体阅读较为顺口，相对易懂。

“命”，“命”体在《尚书》中稍多于“誓”，共有十一篇，包括《说命》上中下、《微子之命》、《蔡仲之命》、《君陈》、《顾命》、《毕命》、《君牙》、《囧命》、《文侯之命》等。“命”，即命令、任命之意。除《顾命》之“命”系成王临终而发命外，其余均因被命令（任命）承担职责的人的名字而得名。

除上面六个大类外，《尚书》还有“贡”（《禹贡》）、“歌”（《五子之歌》）、“征”（《胤征》）、“范”（《洪范》）各一篇，分别记述了夏禹所分九州岛之贡赋、夏太康五弟的戒怨之歌、夏仲康命胤侯率军征讨、商箕子陈述的九畴“大法”。

从上可见，《尚书》文体一共分为十类，计五十八篇。

### 思考题

1.《尚书》有什么样的曲折身世？

2.《尚书》主要由哪些部分构成？

3.《尚书》主要表达了什么样的治国理念？

## 第三节　诗经

《诗经》是我国最早的诗歌总集，先秦时期通称为《诗》，因后被列为儒家经典，故称《诗经》。《诗经》大约为西周初期至春秋中期的作品，编成于春秋晚期，孔子曾加以订正。

从最初产生说，《诗经》虽然比《尚书》晚了许多，但先秦至西汉时期，人们并提这两部经典时，却往往是《诗》在《书》前而称“诗书”。譬如《尚书》最后一篇《秦誓》的作者秦穆公就曾言“中国以诗、书、礼、乐、法度为政”；后来，商鞅在著名的“焚书”庭议中亦称“非博士官所职，天下敢有藏诗、书、百家语者，悉诣守、尉杂烧之。有敢偶语诗、书者弃市”。秦亡汉兴，陆贾时时在刘邦面前“说称诗、书”，刘邦骂之曰：“乃公居马上得之，安事诗、书！”以致司马迁在《史记》撰述中凡涉及六艺经典时，均是按“诗、书”的顺序提及。这可在一定程度上说明，《诗经》在传统经典中的地位和影响。当然，这一顺序在东汉以后发生了变化，最终定型为《易》《书》《诗》《礼》《春秋》的五经排序。

## 一、《诗经》的由来与篇目

《诗经》今有三百零五篇，举其概数便是三百篇，故《诗三百》《三百篇》也在不同情况下直接作为《诗经》的书名。

《诗经》的来历，按东汉班固在《汉书·艺文志》所说，是“古有采诗之官，王者所以观风俗，知得失，自考正也”，即古代帝王专门设有采集诗歌的官职（如乐官），通过他们采集来的诗歌，去考察国家政治的得失和各地风俗的好坏，以便于对不良之处及时省察纠正。而在《食货志》中班固又更详尽地说道：

> 男女有不得其所者。因相与歌咏。各言其伤。……孟春之月。群居者将散。行人振木铎。徇于路。以采诗。献之大师。比其音律。以闻于天子。

此段大意是民间男女有不顺畅之事，便通过歌咏的方式，相与诉说各自的伤感。开春时节，聚居乡民将各赴农事，王朝主管号令的官员在道路上摇动铃铛召唤路人，采集他们哀怨讥刺的诗歌献给乐官太师，太师协调音律后再奏献给天子。如此叙事可能有夸张的成分，但官府的诗歌是通过专职人员采集而来的应当是事实，后世所谓“采风”遂源于此。

由于采集来的诗源于诵唱，本为乐歌，故诗与歌实为一体，其区别只是各有侧重而已。《尚书·舜典》载有舜之言曰：“诗言志，歌咏言。”诗是诗作者心志的阐扬，再通过长歌的方式咏叹出来，即诵其言谓之诗，咏其声谓之歌，故哀乐之心感，而有歌咏之声发，以至于不知手之舞之，足之蹈之也。

诗歌既从各处采集而来，其数目应当不止今天看到的三百零五篇。司马迁说古诗本有三千余篇，三百零五篇是孔子整理压缩后的结果，后人对此多有疑惑。譬如先秦典籍所称引之诗，多数还是在今本的范围之内，故删削的部分可能没有这么多。当然，也要考虑到诗歌流传中自然遗失的篇章，这可能也不在少数。《荀子·正名》中的“《诗》曰：‘长夜漫兮，永思骞兮。大古之不慢兮，礼义之不愆兮，何恤人之言兮’”，便为今本所缺。

较为确实的《诗经》之篇目，一般以为应当在三百二十篇左右。这一说法的根据主要有二：其一，今本《诗经》的《小雅》部分，《南陔》《白华》《华黍》《由庚》《崇丘》《由仪》六篇仅有篇名，而无文辞。其原因，一说是由于秦王朝焚书导致损毁，其义则因合编于其他篇目之中而得以保存；其二，便是以这六篇为“笙诗”之说。按朱熹的解释，在燕飨宾客的典礼中，当前乐奏毕，便替代以歌诗，歌毕接着吹笙，一歌一吹，如歌《鱼丽》，笙《由庚》；歌《南有嘉鱼》，笙《崇丘》；歌《南上有台》，笙《由仪》等。如此，所谓“笙诗”，就是燕飨宾客时用笙演奏的通用乐诗，可能本来就有声无辞，并非经秦火而亡。那么，三百零五篇加上这六篇，便是三百一十一篇。

其二，《毛诗·商颂·序》曾云：“微子至于戴公，其间礼乐废坏。有正考甫（父）者，得《商颂》十二篇于周之大师，以《那》为首。”正考父是孔子七世祖，他于周太师处得到《商颂》十二篇，但到孔子时就只剩下五篇了。三百一十一篇再加上这佚亡的七篇，说《诗》原有三百二十篇左右，当无问题。

不过，不论《诗经》原来是多少篇，最终传下来的是三百零五篇。《论语·子罕》记载，孔子说：“吾自卫反鲁，然后乐正，《雅》《颂》各得其所。”《诗经》文本最后由孔子删削编定。孔子叙说的“乐正”和“《雅》《颂》各得其所”，大致反映了他考订整理诗歌的导向和主旨，这既有《诗》之篇目和文字的顺畅，也包括对德行端正的期待，同时还是他“吾从周”的价值导向的贯彻。

按班固《艺文志》的说法，“孔子纯取周诗，上采殷，下取鲁，凡三百五篇，遭秦而全者，以其讽诵，不独在竹帛故也”。孔子“纯取周诗”又“采殷”“取鲁”，说明殷（宋）诗与鲁诗是在以周为中心的格局下予以选取的。孔子厘定的《诗经》篇目，虽然经历了秦代的焚书之痛，但由于《诗》之篇章本在民间讽诵中流传，并不只是记载在竹帛上，所以能得以保全。如班固所言，《诗经》原本就是三百零五篇，而并未有所损毁。同时，联系《诗经》内容，一般以为孔子所定的《诗》三百篇就是流传至今的《诗经》原貌，但也有不同意这一看法者，而认为原本已损毁，如今的《诗经》是后儒增补而成。

## 二、《诗经》的流传与类别

汉兴之后，儒家经典被广泛地征集和传播。其时传《诗经》者主要有两派四家：一派包括鲁人申培所传的《鲁诗》，齐人辕固所传的《齐诗》和燕人韩婴所传的《韩诗》，这三家所传《诗经》经文都是用汉代通行的隶书写成，故习惯上称为“今文诗”；另一派据说由鲁人毛亨、赵人毛苌传下，通称为《毛诗》，由于以先秦古文字写成，故习惯上称为“古文诗”。

四家诗中，《鲁诗》、《齐诗》和《韩诗》三家皆列于学官，但《齐诗》亡于曹魏，

《鲁诗》亡于西晋，《韩诗》则到宋之南渡方亡，后仅有《韩诗外传》留存；与今文诗的命运不同，古文《毛诗》独自流传了下来。

唐初，孔颖达奉敕为《诗经》“正义”，《韩诗》其时尚存，但无传者；孔颖达作《毛诗正义》，因郑玄发明《毛诗》之义而推崇郑说，《毛诗》由此大兴并流传至今。今天我们说的《诗经》就是指《毛诗》。

《毛诗》的内容或体裁，一般分为《风》《雅》《颂》三类。

《风》为朝廷派专人于民间“采风”而搜集的各种歌谣，按地域、国别归类，通称十五国风，即《周南》《召南》《邶风》《墉风》《卫风》《王风》《郑风》《齐风》《魏风》《唐风》《秦风》《陈风》《桧风》《曹风》《豳风》，共一百六十篇。其中，关于《周南》《召南》“二南”的“南”，《毛诗序》说是指王者德化之风教自北而南；后人又以为指南方区域的诗歌，即“二南”分别指周公治下靠东的南方区域和召公治下靠西的南方区域的诗歌；也有人认为是指一种合奏音乐之名，其时又恰逢周、召二公秉政，故名。其余十三国风则比较确定，就是指这十三个诸侯国的诗歌。《风》最明显地体现了民间歌谣的性质，反映了当地的民情风俗。

汉儒以为，诗谓之“风”者，乃如风行教化一般，秉承的是孔子“君子之德风，小人之德草，草上之风必偃”的德教风化的精神。朱熹于此则有突破，以为“凡《诗》之所谓‘风’者，多出于里巷歌谣之作，所谓男女相与咏歌，各言其情者也。惟《周南》、《召南》，亲被文王之化以成德，而人皆有以得其性情之正”。朱熹承认风教，但又依于性情，男女相与咏歌言情，实乃诗之基础。

《雅》属于周王朝直接治理下的王畿的诗歌，一共有一百零五篇。《雅》又分《大雅》和《小雅》，其义后人有多种解释，例如：一说是“雅”者正也，言王政所由废兴，而政有小大，故“雅”有《小雅》《大雅》。另一说是《大雅》言大事，时间大致在西周前中期；《小雅》言小事，时间在后，约从西周末至东周初期，“二雅”在内容上则区别不大。此二说的相似点在于是从大小“事”去解大小“雅”，后人对此又有新发挥。如宋儒陆九渊称：“《诗》《大雅》多是言道，《小雅》多是言事。《大雅》虽是言小事，亦主于道；《小雅》虽是言大事，亦主于事。此所以为《大雅》《小雅》之辨。”（《陆九渊集·语录上》）即不同于传统经学的“就事论事”，陆九渊要求从“道”上看问题，《小雅》只停留于“事”的层面，《大雅》则能够透过“事”去展现“道”，故理论层次高于《小雅》。这便是《雅》的“大”与“小”之分。

与上三说不同，近人高亨从字义考证说，“雅”其实是“夏”的借字，周人便称西周王畿为“夏”，《大雅》和《小雅》就是《大夏》和《小夏》，“雅”实为指地域，这与

《风》和《颂》也是由地域而分的情形可以协调起来。

《颂》主要是周王朝和鲁、宋两国用于祭祀和重大典礼的乐歌，分为《周颂》、《鲁颂》和《商颂》，一共有四十篇。“颂”之意与今同，即歌颂赞美之意，亦将其成功告于神明。顾名思义，《周颂》颂周，《鲁颂》颂鲁，但《商颂》却非颂商，而是商的后裔宋。赞颂的或者是在位的王侯，或者是他们祖先的功绩。

## 三、《诗经》的“六义”与道德诠释

《诗经》的“六义”，即汉儒（卫宏）在《毛诗序》（大序）中提出的风、赋、比、兴、雅、颂六方面的特色，后人一般归为风、雅、颂与赋、比、兴两类。它们涉及《诗经》的缘起、分类、思想价值、政治功用、思维与艺术方法等。

### （一）《诗经》缘起的道德诠释

《毛诗序》是站在德行教化的立场解释《诗经》是一部什么样的书和其诗的蕴意的。故在作者看来，诗是经国治世以化民的最贴切的手段。

作为乐歌，诗是人的情感通过一定的音乐节律而表现出来，故不同的乐音体现的是一国政治的安危和民众的喜悦与哀愁。“故正得失，动天地，感鬼神，莫近于诗。先王以是经夫妇，成孝敬，厚人伦，美教化，移风俗。”从情感入手施行教化，是先王端正得失和培育良好风俗的最佳途径，而所利用的工具就是诗。譬如，“《关雎》，后妃之德也，风之始也，所以风天下而正夫妇也，故用之乡人焉，用之邦国焉”。《关雎》从德行美善之淑女适配先王（文王）为王教之端，引出后妃之德以风教天下，与《序卦》从夫妇之道出发讲父子、君臣上下之道的奠定，路径是颇为相似的。随后周公制礼作乐，以此典范应用推广于乡人、邦国，而成教于天下。

### （二）“六义”及其功用

《毛诗序》的“六义”，源于《周礼・春官宗伯》太师所教的“六诗”—— 风、赋、比、兴、雅、颂，并说明“六诗”是以智、仁、圣、义、忠、和“六德”为本，突出了《诗》的德行内涵。

“六义”的含义，卫宏以为，“风”“雅”“颂”是指《诗》的不同体裁，“赋”“比”“兴”则是指《诗》的不同表现风格和手法，作诗者通过赋、比、兴的手法成就了风、雅、颂的文体，双方实际是交叉和互相发明的关系，所以又同称为“义”。

《诗》的德行内涵通过上对下的风化与下对上的风刺而相互呼应。一是“上以风化下”，即君王风行教化之意；二是“下以风刺上”，这被称为“主文而谲谏”，即作诗者通过诗歌文辞而委婉进谏，君王听之以自戒，在这里还提出了影响深远的“言之者无罪，闻之者足以戒”的原则。“风刺”的功用后又被谓之“刺诗”，强化了《诗》着眼于正邪防失、匡正人君的品行。结合“上下”之风，孔颖达认为“诗皆人臣作之以谏君，然后人君用之以化下。此先云‘上以风化下’者，以其教从君来，上下俱用，故先尊后卑”。

不过，这些都是理想的上古社会的情形，到了后来，“王道衰，礼义废，政教失，国异政，家殊俗，而变风变雅作矣”。由此，风与雅又分出正风、变风与正雅、变雅。“正风”指“二南”，由于亲被先王教化，其咏歌发言乐而不淫、哀而不伤，是为《诗》之“正经”；“变风”指其余十三国风，因为各国治乱和人之贤否不同，所感发声有正邪是非不齐，先王之风遂变。“变风”在《毛诗序》中是积极的，是诗作者有鉴于政教失序和伦常荒废，伤时感事以讽谏其上，所谓发乎民之情性而以先王礼义恩泽为依归。

“正雅”与“变雅”，按《诗》的篇目说，《小雅・六月》之后、《大雅・民劳》之后的诗篇，皆谓“变雅”，孔颖达说这些诗“皆王道衰乃作，非制礼所用，故谓之变雅也”。朱熹则认为“变雅”仍是贤人君子忧患于时政所作，体现了其忠厚恻怛、陈善闭邪之意，故得到孔子的认可。

同时，《诗》不是都讲“刺”，“刺”是与“美”相比较而言的，“美诗”侧重赞美歌颂，在《风》《雅》《颂》中都有，但侧重表现于《颂》中。“美”与“刺”合称为“美刺”。

与风、雅、颂主要是体裁的划分不同，赋、比、兴主要是诗歌创作的不同方法，按朱熹《诗集传》所说：“赋者，敷陈其事而直言之也”，“比者，以彼物比此物也”，“兴者，先言他物以引起所咏之词也”。就是说，“赋”是不加修饰而直接陈述所要表达之事，“比”就是通过类似的其他物事来比喻所要表达的此物此事，“兴”则是托言他物以兴起所要咏叹的语词。后来，朱熹对此又进一步凝练为：“赋者直陈其事”，“比者以彼状此”，“兴者托物兴词”。到近代，鲁迅先生概括赋、比、兴方法的特点时，在继承朱熹观点的基础上又有所完善，他认为：“赋者直抒其情，比者借物言志，兴者托物兴辞也。”那么，赋不只是直陈其事，而且在抒发情；比则不仅是物事间的比喻，更是在叙说比者的志趣；兴则直接是朱熹观点的继续。

赋、比、兴这三种诗歌创作方法，本身是后人的总结，在不同诗篇中往往是混杂使用为多，但也有全诗突出使用某一种方法者，例如《邶风・静女》用赋，直抒等候静女者急不可耐之心态；《豳风・鸱鸮》用比，以鸟护巢和未雨绸缪比喻尚未安稳的周王室；《周南・关雎》则用兴，托雎鸠和鸣、参差荇菜以兴起淑女为君子之佳偶。

### 四、《诗经》意义的发掘

从《毛诗序》以诗歌体裁和表现手法为“六义”可见，《诗经》的意义依赖于后人的体验和发掘。譬如认为《关雎》“乐得淑女，以配君子，忧在进贤，不淫其色；哀窈窕，思贤才，而无伤善之心焉，是《关雎》之义也”。卫宏以后妃之德发挥《关雎》之“义”，朱熹《诗集传》基本继承了这一观点，说明传统社会对《诗经》意义的发掘，德行的端正始终是放在优先的位置。

### （一）“思无邪”与“淫诗”说

作为《诗》三百篇的编定者，孔子在不少地方都谈及《诗》。就最直接记述孔子思想的《论语》来说，其中涉及《诗》的文字就有近二十处，体现了孔子对于《诗》的多方面的思考。

#### 1. “思无邪”

孔子论《诗》之处不少，但最著名的一处，无疑是《论语·为政》篇记载的“子曰：《诗》三百，一言以蔽之，曰思无邪”一语。

“思无邪”源自《诗经》自身，即在《鲁颂·駉》这一篇的最末，有“思无邪，思马斯徂”一句，它可以被解释为思无邪念，思马使可走（直）行。孔子于此有所感，而取“思无邪”一句概括《诗》三百篇之义，即孔颖达所说“可举一句当尽其理也”。不过，对于“思无邪”究竟做何理解，孔子自己并未解释，就给后人留下了极大的想象和发挥的空间。孔颖达说“思无邪”一句所以可当三百篇之义，就在于它表达了“论功颂德，止僻防邪，大抵皆归于正”的《诗经》主旨。朱熹认可这一定位，以为《诗》三百篇各因不同之事而发，其言精微委婉，但若是“求其直指全体”来说，惟此“思无邪”一言足以尽括其义，故当从此处去体贴孔子示人的深切之意。

对于《诗经》中那些涉及男女淫乱一类的诗篇，汉儒是以“刺淫”的观念去解释的，即认为作者秉承中正无邪之心去讥刺男女淫乱之事和社会的乱象，这本身即是对“思无邪”的解释。但朱熹认为这很难讲通。因为《诗》之作者并非一人，三百篇所指所述又多样，怎么都能够“思无邪”呢？其实，“思无邪”的主体应当是读者，读者读到《诗》所赞美的能够为自己所效法，读到《诗》所讽刺的能够为自己所戒惧，“善为可法，恶为可戒”，这才是孔子所想要表达的意图。

朱熹认为，“思无邪”的根本点，其实就是“正人心”。要做到这一点，又需要以“求无邪思”即“致知”为先导。显然，这是不是孔子的本意并无关紧要，朱熹需要的是他孜孜以求的“正心诚意”主张的贯彻。

#### 2. “淫诗”说与“郑卫之音”

《诗经》的主旨是“思无邪”，站在汉唐经学的角度，对于记述淫乱之诗是以“刺淫”去解，譬如“作《桑中》诗者，刺男女淫怨而相奔也”，即并不认为是《诗》本身存在

“淫诗”的问题。追根到孔子，他虽未直接言及“淫诗”，但却有“郑声淫”的说法，并因为“恶紫之夺朱也，恶郑声之乱雅乐也”，而要求“放郑声，远佞人”。郑声是与美善的“雅乐”（“韶乐”）对立的不良之音，所以应当驱逐禁绝之。但这“郑声”是否等同于《诗经》中的“郑诗”，却并不清楚。

到《礼记·乐记》和《荀子》的时候，出现了邪淫的“郑卫之音”的说法，以为“郑卫之音，乱世之音也”，又说“桑间濮上之音，亡国之音也”。郑卫之音听了使人“心淫”，以至于魏文侯对孔子弟子子夏说，他非常虔诚地聆听“古乐”（雅乐），却直想打瞌睡；而听郑卫之音，则完全不知疲倦。如此使人心志萎靡佚荡，又怎能够用来治理国家呢？故荀子要求君子必须谨慎，做到“耳不听淫声，目不视女（邪）色，口不出恶言”。显然，此“淫声”已经类似后世所谓淫荡之声的概念了。

东汉许慎作《五经异义》，直接讲“《郑诗》二十一篇，说妇人者十九矣，故郑声淫也”。孔子厌恶的“郑声”已直接等同于“郑诗”，“郑声淫”就成为“郑诗淫”了。班固在《汉书·地理志》中，依据郑国“土陿而险，山居谷汲，男女亟聚会”的地理条件论证郑国民风、民俗的淫乱。民风、民俗既如此，“郑声淫”也就很自然了。郑国如此，卫国亦如此，所谓“卫地有桑间濮上之阻，男女亦亟聚会，声色生焉。故俗称郑卫之音”。到西晋杜预注《左传》时，径直云“《桑中》《卫风》淫奔之诗”，《诗经》学上重要的“淫奔之诗”的概念遂由此产生。

宋以后，继续从地理条件论证郑卫之音的“邪淫”的，主要是北宋理学家张载。张载推崇孔子编定的《诗经》“古音”，而对其时正在兴起的“预前定下腔子”的宋词颇不以为然。他在《经学理窟·礼乐》有一段话，分析郑卫的地理条件对人性和诗歌的决定性作用。他说：

> 郑卫之音，自古以为邪淫之乐，何也？盖郑卫之地滨大河，沙地土不厚，其间人自然气轻浮；其地土苦，不费耕耨，物亦能生，故其人偷脱怠惰，弛慢颓靡。其人情如此，其声音同之，故闻其乐，使人如此懈慢。其地平下，其间人自然意气柔弱怠惰；其土足以生，古所谓“息土之民不才”者此也。若四夷则皆据高山溪谷，故其气刚劲，此四夷常胜中国者此也。
>
> 移人者莫甚于郑卫，未成性者皆能移之，所以夫子戒颜回也。

郑国与卫国都处在黄河边上，地势平缓低下，土壤属于沙质，土层不厚，人的意气自然轻浮；土地耕种不需要太多劳力，作物便能生长，人因此变得“偷脱怠惰，弛慢颓靡”。在此人情基础上，便生成了以曲折纡徐、柔弱婉转为特色的郑卫“邪淫之乐”。人闻听此音声，难免就萎靡不振。从前面魏文侯对子夏所言也可以看出，郑卫之音的确会对人产生很大影响。尤其是对“性未成则善恶混”的年轻人来说，他们对郑卫之音完全没有抵抗力。所以，孔子深深地告诫颜渊，自觉抵御和摈弃郑声。（《论语·卫灵公》：“放郑声，远佞人；郑声淫，佞人殆。”）

张载对郑卫之音的分析，与他在哲学上主张以气为本密切关联。山河大地都是气的凝聚物，而此地气又决定了人气，包含人的性情、性格和音声。推而广之，平下之地决定人气柔弱怠惰，土壤足以维持生计则导致了人不思进取；相反，四夷居住在高山溪谷，其气刚劲，所以常常进犯和战胜中原民族。

不过，对于郑卫之音或“淫诗”的内容构成，张载没有进行更细致的剖析，进行这一工作并对此做出系统阐释的是朱熹。

朱熹在《诗集传》中，判定“郑、卫之乐，皆为淫声”。不过，由于孔子论《诗》却专说“郑声淫”而未及卫，又是为何呢？朱熹的观点是：

> “郑、卫之乐，皆为淫声。然以《诗》考之，《卫诗》三十有九，而淫奔之诗才四之一。《郑诗》二十有一，而淫奔之诗已不翅七之五。《卫》犹为男悦女之词，而《郑》皆为女惑男之语。卫人犹多刺讥惩创之意，而郑人几于荡然无复羞愧悔悟之萌。是则郑声之淫，有甚于卫矣。故夫子论为邦，独以郑声为戒而不及卫，盖举重而言，固自有次第也。《诗》可以观，岂不信哉！”

虽然郑卫之乐都属于邪淫的诗歌，但却有量的差别，并存在价值导向的问题，朱熹具体举出了三点：

一是《郑诗》的“淫奔”比例远大于《卫诗》。朱熹这里的《卫诗》“三十有九”，是将后来已并入卫国的邶、墉之地的诗歌《邶风》《墉风》合并计算的，因为春秋时人认为此二者都属于《卫风》。但这三部分加起来，淫奔之诗也只占《卫诗》的四分之一，远不及《郑诗》的七分之五。

二是在男尊女卑、男主女从的价值导向下，“男悦女”的男性挑逗调戏女子虽也不妥，但程度尚浅；同时，在传统儒家的视域中，男女、阳阴可以比附君臣，并引申出明君喜悦贤臣的正面意涵。而“女悦男”的女性主动招惹引诱男子，则颠倒了男主女从的正常秩序，属于惑乱。

三是《卫诗》中尚有讥刺惩创的正面价值，如朱熹评论《河广》说：“夫以卫之政教淫僻，风俗伤败，然而女子乃有知礼而畏义如此者，则以先王之化犹有存焉故也。”相反，《郑诗》则基本上丧失了羞愧悔悟之心，属于道德败坏的产物。

所以，朱熹认为，孔子议论国家的治理，特地要求“放郑声”，就是因为郑声的淫乱危害最大。

然而，《诗》三百篇既然是孔子删诗后的结果，那为何因“郑声淫”而要求“放郑声”的孔子，却不删去《郑风》《卫风》这些“淫诗”篇目而听任它们留在《诗经》中呢？朱熹在《诗序辨说》中，以同样为孔子修订的《春秋》为例，对此进行了辩护。他说，孔子本来是不言“乱”的——“子不语怪、力、乱、神”也。但是由于《春秋》中所记载的无非乱臣贼子之事，圣人如若不将这些事例保存下来，后人就无法察见当时的风俗政教之变，从而没法垂鉴于后世，所以孔子是不得已而为之。由此，《诗经》保留郑、卫的“淫诗”而不删去，也是基于同样的道理。

正因为如此，他提出了“凡《诗》之言，善者可以感发人之善心，恶者可以惩创人之逸志，其用归于使人得其情性之正而已”（《论语集注・为政》）的著名观点。在这里，说善者可以引发启迪人之善心没问题，但说恶者可以惩戒创治人之逸志，在后来却受到了王阳明的批评。在王阳明看来，载有郑、卫“淫诗”的传世本《诗经》，已不是孔子所定的原本。孔子所定三百篇，可以奏之郊庙乡党，能够资畅和平、涵泳德性和移风易俗，即都属于“雅乐”，怎么可能容忍作为亡国之音的郑、卫“淫诗”在其中呢？这不是“长淫导奸”吗？孔门家法绝不允许。目前《诗经》保留有郑、卫之音，是孔子所定原本经过秦的焚毁之后已经不全，儒生们为了凑齐三百篇之数，将世俗多所喜传的淫泆之词与闾巷中语附会到《诗经》中来的结果。朱熹说“恶者可以惩创人之逸志”，不过是找不到解释缘由而另找托词而已。

同时，朱熹为孔子保留“淫诗”进行辩护只是问题的一面，另一面则有他自己的目的，即为他《诗经》学的重要观点“淫诗说”提供理论根据。于此，朱熹与《毛诗序》以来以风化、风刺、风谏释“风”的《诗经》学传统有了很大的不同，而认为“凡《诗》之所谓《风》者，多出于里巷歌谣之作，所谓男女相与咏歌，各言其情者也”。从民间歌谣的男女相与抒发情感出发，将汉儒强化德教的“刺诗”诗回归本位，从而给“淫诗”的突出情感留出了地盘。

就是说，朱熹虽然对于男女私相期会、相互思慕、相互调戏以至私奔等追求情欲的举动给予了严肃的批评，因为这些都不合礼法。但他也承认人不可能无欲，问题不在“思念男女之欲”本身，而在于不能自守其贞信之节，不知天理之正。如果“惟欲之从，则人道废而入于禽兽矣”。所以，“以道制欲”就是必要的。即便在今天，朱熹的观点也不应说全无道理。而且，即便是他反对的“淫诗”本身，由于肯定了男女追求情爱的客观事实，而不再将《诗经》整个地捆绑到汉儒的讽刺、教化和劝善的功能上，在《诗经》

学上仍是一大进步。

### （二）多方面功能与哲学意蕴

春秋战国时期，士人引《诗》成风，以至于对《诗》的熟练掌握成了社会交往的必备手段。就儒家系统而言，从《左传》到《论语》《孟子》《荀子》，引《诗》可以说是比比皆是。《诗》的多方面的蕴含和功能，从《论语·阳货》中孔子的一段话中便可以明白：

> 子曰："小子何莫学夫《诗》?《诗》可以兴，可以观，可以群，可以怨。迩之事父，远之事君。多识于鸟兽草木之名。"

从孔子的话中可见，《诗》在他所在的时代，有后世百科全书式的功能。其包含的内容：一是可以培养读者的观察想象力，陶冶性情，合理地抒发情感和志向，和群而不流荡；二是可以使读者知道怎样恰当地孝顺父母和忠于君长，既能和谐家庭又能服务于国家；三是能够从中学习自然知识，获知鸟兽和草木等动植物的名称、类别和特性。

前已言及，诗有比兴之义，以便通过熟悉的物事引发兴起所要表达的新的物事、志趣或语词知识。故当孔子概括子夏所引逸诗而给出"绘事后素"的解答时，子夏从中引发了"礼后乎"的礼之文后于其（忠信之）质的结论，孔子对此给予了充分的肯定，以为"起予者商也！始可与言《诗》已矣"（《论语·八佾》）。

按照孔子的概括，《诗》中所包含的，基本上代表了他那个时代所有的学习内容，所以，如果不学《诗》，不要说尽职于社会国家，就连日常言谈都应付不了，所谓"不学《诗》，无以言"也。正是因为如此，当孔子看到弟子子贡能够自如地引《诗》以证其说时，肯定他能够"告诸往而知来者"，即能对《诗》运用自如者，已具有了相当的知识储备，能够据此而推知未来事变了。

但是，问题还有另一面，在《论语·子路》篇中孔子说过："诵《诗》三百，授之以政，不达；使于四方，不能专对；虽多，亦奚以为?"学《诗》不是为学而学，而是要学以致用，如果只是空洞地背诵而不能真切领会，不能付诸实践，这样的知识，再多又有什么用呢？事实上，后人一直用《诗》来干预政治。西汉元平元年（公元前74年），昌邑王刘贺即皇帝位后仅27天被废，当使者责问王式身为师者为何不上谏书时，王式回答说并不是不进谏，而是用他所教授的《诗》进谏，并以《诗》中的危亡失道之君为例向刘贺流涕痛陈，因此没有专门的谏书。王式的答辩被认可而减免了死罪。这说明《诗经》不但具有政治功能，而且得到了统治阶层的认可。当然，对后来的宋儒来讲，这还有另一层含义，就是传统经学的研习，拘泥于文字章句的训诂，抓不住经典的精神实质，以致不可能应对国家天下的事务。

正是由于《诗经》内容的广博和寓意的丰富，使得它的一些章句的意义可以有多种解释，有的则直接影响了后来的王权政治和哲学思维的发展。例如，《小雅·北山》有言："溥天之下，莫非王土；率土之滨，莫非王臣。"本来是诗人感慨抱怨国土之大，臣民之多，王事不止又繁多不均，可在"大一统"的国家氛围中，成了"朕即天下"的理论写照。又如《大雅·烝民》称："天生烝民，有物有则。民之秉彝，好是懿德。"原是由赞美贤臣仲山甫而来，孟子则引孔子语赞美"为此诗者，其知道乎！""道"就在于凡有物就有自己的法则，这是上天生民而来的必然，所以人民都秉有自己的常法（性），爱好这样的美德。宋明理学家承接孟子，并从《孟子》上溯《诗经》，这一章也就成了理学家构造以性、理为本的哲学体系的重要经典依据。同时，则、彝、德都属于不可形象之事，正适合描述理学家的性、理本体，是所谓"上天之载，无声无臭"，可谓"不显之至耳"；可同时，它却又光耀天下，体现为君臣父子、兄弟夫妇无处不在的人伦物理，这便是理学家着力从《诗经》中引出的结论。

《诗经》是儒家的经典，而儒家思想的核心是仁爱。先前在《尚书》中已有多篇出现"仁"这一词语，如《仲虺之诰》《太甲下》《金縢》等。但是，一则主要在品格和德行的意义上使用，如《金縢》的"予仁若考"之"仁"便是如此，尚不与爱直接关联；二则像《仲虺之诰》的"克宽克仁"、《太甲下》的"怀于有仁"的"仁"，虽可以从关爱的立场去解释，但由于属于古文，权威性不够，故只能一般性地言及仁爱观念的萌发。

但在《诗经》中，"仁"的思想则向前推进了一步。在《郑风·叔于田》和《齐风·卢令》中，有了"洵美且仁"和"其人美且仁"等说法。出现于春秋早期的这些"仁"说，都与"美"相连接，"美"离不开对像共叔段这样的人的外在形貌的评价，但与"仁"相联系，在国人眼中仍是与德行分不开的，这可谓当时社会评价人的一个基本标准。至于"仁"自身，可以理解为仁德，但也可以从爱的意义去解释。后来郑玄解释"其人美且仁"的意思，是"言人君能有美德，尽其仁爱，百姓欣而奉之，爱而乐之"。郑玄直接以"仁爱"释"仁"，并与美德相承接，人君由此而得到民众的爱戴，这应当是在孔孟视域下与民同乐的产物。但对更早一些的"洵美且仁"，他则以"言叔信美好而又仁"一语带过，或许以为美的外貌本当配以仁的内核。到朱熹作《诗集传》，对"洵美且仁"的注释则是："洵，信。美，好也。仁，爱人也。"共叔段虽然不义，但毕竟得众而国人喜爱，故以"爱人"释仁。朱熹这是借鉴了汉以来经学家的见解，但他也有猜测，怀疑这是当时民间男女相悦之词。但不论是对共叔段还是民间男女，仁的含义是"爱人"，已成为儒家学者的一般共识。

## 思考题

1.《诗经》主要包含哪些内容？

2. 什么是《诗经》的“六义”？

3. 如何看待《诗经》的“思无邪”与“郑卫之音”？

# 第四节 礼与礼记

中华文明被称为礼乐文明，中华古国被称为礼仪之邦，而中国人至今仍自豪于自己是华夏子孙——“华夏”者，“礼仪之大，服章之美”也。显然，所有这些称谓都与“礼”分不开。

## 一、礼之“三礼”

“三礼”指《周礼》《仪礼》《礼记》这三部“礼”。“三礼”都属于儒家经典，作为古代礼乐文明的集中表现，对传统中国的礼法制度、行为规范、礼节仪式以及生活习俗等都做了具体的记载和规定，连同后人的注疏在内，深刻影响了中华文明的发展和中国人的精神品格。

不过，“三礼”之间，各自的地位和作用不尽相同，尤其是在以“五经”集中代表儒家经典并作为科举考试的定本之后。最初，“五经”中所说的“礼”仅是指《礼经》即《仪礼》，《周礼》和《礼记》不能被称为经，“三礼”的叫法在东汉以前也不存在，直到郑玄作《三礼注》之后才有此名称并流行开来。但唐初以后，随着《五经正义》的颁行和推广，《礼记》成为“礼”的代表，其地位越来越重要；《仪礼》和《周礼》的地位则相应下降。宋以后至清，由于科举考试科目和内容的确定性，《礼记》（含注疏）已是“五经”之“礼”的唯一，《仪礼》和《周礼》只是在“十三经”中还保留了它们的位置。

“三礼”的内容不同且各有侧重。《周礼》偏重政治制度，《仪礼》侧重行为规范，《礼记》则通过对礼义制度与礼节仪式的解释阐述了礼乐的思想。但“三礼”又统合为一“礼”，涵括了中国古代社会“礼”的全部内容，其意义则表现在与“礼”组合而成的礼乐、礼法、礼义、礼节等多个词语之中。分别来看：

关于《周礼》，《周礼》本名《周官》，记载的是周代国家的官制及相关政事。《周礼》

出现于西汉初年，包括《天官冢宰》《地官司徒》《春官宗伯》《夏官司马》《秋官司寇》五篇和本应有的《冬官司空》。但《冬官司空》一篇阙失，河间献王补以《考工记》，称《冬官考工记》，合成六篇。但《周礼》不像其他经典那样有一个清楚的传授谱系，先秦文献没有提到此书，它在西汉初被发现，西汉末因王莽、刘歆推崇而成为经。刘歆、郑玄称《周礼》为周公致太平之书，但亦有人认为系刘歆伪造，今人多认为其属于战国时代的作品。书中保存了不少西周和春秋战国时期的历史资料，涉及田制、税赋、农耕、礼俗等多个方面，也承载了儒家的政治理想。但因其真伪和成书年代等出身问题长期聚讼不已，人们对此书的评价就有从推崇到否定的不同。

关于《仪礼》，“礼”最初作为经典即指《仪礼》，故称《礼经》或《礼古经》；又由于“多是士礼，邦国人君者仅存一二”（朱熹语），故又称《士礼》。它大致在春秋后期成书，相传由孔子编定。“仪礼”的得名，在于它主要记载各种礼节仪式，而不过问礼的思想内容。但《仪礼》的称谓，晋以后方才流行。《仪礼》十七篇中，大多数篇章后面部分都有“记”。“记”相对于“经”而言，当为孔子门徒或后学解经所作。《丧服子夏传》一篇最为特殊，除有“记”外，更是按经传搭配分章撰写，还直接标明了作者为子夏。十七篇的内容，包括冠、婚、丧、祭、乡射、朝聘、燕享等贵族阶层需要遵守的典章和仪式，按性质可分为吉礼（三篇）、凶礼（四篇）、宾礼（三篇）、嘉礼（七篇）四类，涉及人的成长培育、酬酢应对、祭祀求福以至衣食住行等日常生活习俗，实际规范着人的一生。所以，孔子说“不学礼，无以立”。

关于《礼记》，顾名思义是“记”礼，是战国至秦汉年间的学者所记载的解释、发挥“礼”的文献，是一部以儒家思想为主体并吸收墨、道、法、阴阳等多家资源而成的资料汇编，其中多数篇章可能是孔子的弟子及后学的作品。到西汉后期，经过多种途径收集到的“礼记”类文献有二百一十四篇，按《隋书·经籍志》的说法，梁人戴德（大戴）删其烦重，重新组合为八十五篇，后称《大戴礼记》；他的侄子戴圣再删大戴之书为四十六篇，人称《小戴礼记》；汉末马融又补入《月令》《明堂位》《乐记》三篇，合为四十九篇。但这一说法后遭到质疑。受业马融的郑玄为《礼记》作注，《郑注》立为国学并流传至今。

《礼记》的内容涵盖面极广，涉及礼法典章、仁义道德、君民关系、教学修身、气象历法、音声乐舞等诸多知识领域，此一特色是其他经典所不具备的。当然，《礼记》的核心仍然是礼法制度和礼学思想。

同时，由于“乐经”的缺乏，先哲关于“乐”的论述如《乐记》等，实际记载于《礼记》之中，礼乐文明集中体现于《礼记》。这亦说明《礼记》虽然称为“记”，但就它包含的内容和体现的价值来说，地位并不低于其他经典。鉴于《礼记》在唐宋以后已作为“五经”中“礼”的代表和《礼记》自身所体现的思想价值，下文所论也就只及《礼记》。

## 二、《礼记》的由来与篇目

《礼记》今本为四十九篇，但对此却有不同的说法，相应的解释也不同。在论述《礼记》的篇目之前，需要事先了解一下礼与《礼记》的由来。

### （一）礼与《礼记》的由来

按照《礼记》中十分重要的一篇——《礼运》的讲法，中华大地自“大道既隐，天下为家”之后，由于“各亲其亲，各子其子，货力为己”，维护家庭和财产等利益关系的礼就产生了。大至天下国家，小至邻里亲疏，都需要礼来维持。礼“以正君臣，以笃父子，以睦兄弟，以和夫妇，以设制度，以立田里，以贤勇知，以功为己”，礼的作用无处不彰。就中国社会的演进阶段来讲，自尧舜之后都属于礼制的社会，儒家推崇的禹、汤、文、武、周公等圣人，都是“谨于礼”的。其中距我们最近的周公，继承夏商两代，制礼作乐而留下了一整套礼仪规范制度，以至于后来孔子由衷赞叹并表达自己的理想曰：“周监于二代，郁郁乎文哉！吾从周。”（《论语·八佾》）前面所述及的《周礼》《仪礼》，之后有人将其归到周公名下，只是不具有充分的理由。

进入春秋战国时期，礼坏乐崩，到孔子的时候，礼已十分残缺了。经过孔子整理的经典，后又遭到秦的焚毁，汉以后才又开始复兴。西汉初，河间献王收集到孔子弟子和后学所记载的《礼记》文献有一百三十一篇，但当时没有人讲解传授。到西汉后期，刘向考校经籍，考察核实有一百三十篇，并予以编次和叙录。后来，又得到了《明堂阴阳记》三十三篇、《孔子三朝记》七篇、《王史氏记》二十一篇、《乐记》二十三篇，五种一共是二百一十四篇。

在这二百多篇《礼记》文献中，有不少内容重复，故《隋书·经籍志》说，戴德删其烦重，重新组合为八十五篇（《大戴礼记》），戴圣再删大戴之书为四十六篇（《小戴礼记》）。然清人对此提出质疑，以为此系误谬，即《隋书·经籍志》既言戴德、戴圣叔侄于汉宣帝时曾拜后苍为师而传其学，刘向生活年代则靠后，不可能前人删后人之书。但这一论断本身也存在问题。因为刘向的生卒年比戴德不会晚太多，二人曾同在宣帝朝为官，也同参加了宣帝主持召开的评定《五经》同异的石渠阁会议。刘向领校群书时戴德应当还在世，故戴德删刘向整理的《礼记》文献不是不可能；而戴圣再删戴德之书就更接近刘向生活的年代了。

但是，《隋书·经籍志》的撰写，恐确也有疏忽之处。例如，称戴圣删大戴之书为四十六篇，东汉末传小戴之学的马融又补入《月令》《明堂位》《乐记》三篇，合为四十九篇。清人编《四库全书》时经过考证，认为戴圣编（删）定者直接就是四十九篇，并不存在马融对另外三篇的增补；而且，马融所传乃是《周礼》，并未授受《小戴礼记》。当然，此考证的论据，也存在不充分的情形。

关于《小戴礼记》四十六篇与四十九篇的关系，还有另一种调和的解释，即今本四十九篇中，《曲礼》《檀弓》《杂记》三篇因内容过长，各被分为上下二篇，如果将上下合为一篇，便是四十六篇，所以四十六篇与四十九篇实质上是一致的，并没有文字上多寡的区别。同时，径直说《小戴礼记》四十六或四十九篇都是从《大戴礼记》删减而来，恐也过于简单。戴圣既然是重新编定《礼记》，他可能不止是从八十五篇《大戴礼记》取材，而且也应当采集了其时还在流传的八十五篇之外的其他多篇“礼”类文献，这样才能更好地解释《小戴礼记》与《大戴礼记》的内容何以有诸多不一致。

**（二）《礼记》的篇目与内容**

《礼记》四十九篇，由于来源不一，又经过不同的删减裁并，篇目较为杂乱，今本的排列也没有明显的逻辑次序，大致按内容归纳为不同的种类。

1. 刘向《别录》的分类

按照《礼记》所述内容，可将其区分为若干类别。刘向作《别录》时已进行了此一工作，郑玄为《礼记》作注时每篇都引有刘向《别录》的分类，共有十一种，即通论、制度、明堂阴阳记、明堂阴阳、丧服、世子法、祭祀、子法、乐记、吉礼、吉事。

这十一种中，“明堂阴阳记”“明堂阴阳”“世子法”“子法”“乐记”“吉礼”六种各只有一篇：“明堂阴阳记”，利用气化、历象和物候等记十二月政事的施行；“明堂阴阳”，论夏商周及鲁四代的太庙（明堂）朝觐与祭祀（周公）礼仪；“世子法”，记文、武、成王为世子及立学释奠于先圣先师等法；“子法”，即“内则”，记闺门之内男女居室事父母公婆之法；“乐记”，其种类与篇名相同，揭示音声乐舞的由来、意义、礼乐互动及其与心性情的关系等；“吉礼”，主客燕饮并讲论才艺之礼。

除上述六种六篇外，四十九篇中，大多数属于制度、通论、丧服、祭祀、吉事五类。简单讲，“制度”，指宫室官制的尺度规范；“通论”，就礼义某一方面作总的论述；“丧服”，居丧礼仪与丧服式样；“祭祀”，祭祀活动的规制及其理由；“吉事”，成人成家及社会交往的礼节。以上《别录》区分的种类，重点在形式的分别，本身不揭示贯穿《礼记》的礼乐文明内核与礼学思想。

2. 今天的分类及内容简介

近代以来，学者兼顾《礼记》的形式并结合其内容和思想，在前人基础上重新进行了分类。但分类本身只是一个大体的架构，这里按照《礼记》的主要内容，分四类介绍如下：

第一，解释《仪礼》之专篇。包括《冠义》《昏（婚）义》《乡饮酒义》《射义》《燕义》《聘义》等六篇。

仅从这六篇的篇名，便可知晓其大致的内容，《礼记》的其他篇目也是按这一原则来定名的。由于《仪礼》只重在介绍不同“礼”当如何践行，并没有告知之所以要这样而不是那样做的道理，不知礼从何来，亦不晓礼之蕴含，这对于礼的实施和推广明显是不利的。《礼记》则弥补了这一缺陷。

例如，《昏义》阐明这六篇之间的关系，是“夫礼，始于冠，本于婚，重于丧祭，尊于朝聘，和于射乡，此礼之大体也”，即人始于冠婚，中经朝聘、乡射而终于丧祭，这便是礼的大体。如此，将人一生所要践履之礼，进行了最为概括的揭示。又如阐发婚礼的意义在于：“婚礼者，将合二姓之好，上以事宗庙，而下以继后世也，故君子重之。”这对只讲婚礼如何进行的《仪礼》来说，无疑是十分重要的补充。

《乡饮酒义》、《射义》和《燕义》之间关系密切，“古者诸侯之射也，必先行燕礼。……故燕礼者，所以明君臣之义也；乡饮酒之礼者，所以明长幼之序也”。燕礼在诸侯行射礼之先，乡饮酒礼则在卿大夫及士行射礼之先，而随后的射礼则在于通过此礼观察射者之德行以取士，因认为只有射者心正德贤才能发而中鹄，故又以射为仁之道。

第二，记古代制度、礼节和政令。包括《曲礼》（上下）、《王制》、《月令》、《文王世子》、《礼器》、《郊特牲》、《内则》、《玉藻》、《明堂位》、《大传》、《少仪》、《祭法》、《祭义》、《祭统》、《深衣》、《投壶》等十七篇。

这一部分大致是以辗转传承下来的周代礼制为模板并加以考辨，在《礼记》中篇目最多，涉及从天道到人事、从国家政治到社会生活等各个方面。其中：

《曲礼》，顾名思义是委曲周遍之礼，即包含了吉礼、凶礼、宾礼、军礼、嘉礼等“五礼”在内。《曲礼》指明礼的意义重在区分，“夫礼者，所以定亲疏，决嫌疑，别同异，明是非也”，并提出了像“礼不下庶人，刑不上大夫”等一些十分著名又颇有争议的原则，肯定了“父之仇弗与共戴天，兄弟之仇不反兵，交游之仇不同国”的血亲复仇和为朋友报仇的合理性。同时，还有诸如“男女不杂坐”“父子不同席”等细节的规定。孔颖达以为“曲”礼与“仪”礼是相对而言的，所叙之事一致，只是就其委曲行事称“曲礼”，表现于威仪则曰“仪礼”。故《中庸》等有“礼仪（仪礼）三百，威仪三千”之说。

《王制》，“以其记先王班爵、授录、祭祀、养老之法度”，即记述周代国家施行的政治、经济、祭祀、教育、司法、养老等制度。

《月令》，根据每月星辰运行的方位和大地相应的物候变化，解释天子王侯的生活起居与施政行为。郑玄以为《月令》是以《吕氏春秋》“十二月纪”的首章为本，后由礼家之好事者抄合而成。事实上二者也是一致的。

《礼器》，“言礼使人成器”，礼是人之成才的基本用具。该篇提出了“忠信，礼之本也”“礼也者，反本修古，不忘其初者也”“礼也者，反其所自生”等要求“反本”而思考体贴制礼之初心的思想，为后来宋明理学的“反本复性”论提供了重要的心性论资源。

《内则》，“以闺门之内，轨仪可则”，故名。该篇所记男女居室侍奉父母公婆之法以及明男女嫡庶之别，结合《曲礼》的相关规定，对之后古代社会的男女之大防有重要影响。

《祭义》《祭统》等篇，重在阐发“礼有五经，莫重于祭”的祭祀活动对国家政治的意义，突出了“事死如事生”的孝子之道。

第三，专记居丧礼仪。包括《檀弓》（上下）、《曾子问》、《丧服小记》、《杂记》（上下）、《丧大记》、《奔丧》、《问丧》、《三年问》、《服问》、《间传》、《丧服四制》等十三篇。

专记居丧礼仪有如此多的篇幅，缘于古人平均寿命较短，交通条件不便，加之注重亲属联姻且丧期又长，所以一生中有不少的时间是在服丧、守丧和奔丧的路上，从而导致了居丧礼仪在整部《礼记》中占有相当大的比重（上述 14 篇再加上散见于其他篇中的居丧内容），还有不少篇目直接就是以“丧”命名的。

古人守丧期限的长短，是按距死者亲缘关系的远近来决定的，共分为五等，即斩衰（三年）、齐衰（一年）、大功（九个月）、小功（五个月）、缌麻（三个月），依次降等。这即是所谓“亲亲之杀（衰减）”。

在本部分篇目中，《檀弓》《曾子问》都以问者名字为篇名，古人以为这是因他们善于礼、明于礼，故以此彰显之。

《檀弓》是《礼记》中文字最多的一篇，记述了不同的居丧礼仪。其中孔子的言行和孔门师徒之间关于居丧和丧祭礼仪的问答占有大量的篇幅。孔门中，曾参、子思（孔伋）师徒的言行又最多。历史上著名的“苛政猛于虎”的论断亦是孔子于此篇中提出。

在《曾子问》《三年问》《杂记》《服问》《丧服四制》等多篇中，都议及了古代丧祭制度中的子为父、妻为夫、臣为君等服“三年之丧”的问题。孔子坚守“三年之丧”，《三年问》认定守丧三年的价值在“称情而立文，因以饰群，别亲疏贵贱之节，而弗可损益也”，故必须坚守。但又与孔子学生宰予立足天道一年一“更始”而只需守丧一年（周年）的观点进行了协调，认为这是“加隆焉尔也，焉使倍之，故再期也”。守丧三年的意义，在于敦厚推重人道自身的价值，所以需要“加隆”，即倍加守丧之年限。从而，守丧三年（满两周年）与周年的矛盾也就能够消解。

《曾子问》、《丧服四制》以及不主居丧的《坊记》，还都提及了“天无二日，土无二王”这一君权独尊的原则，这对秦汉以后中国社会的君权专制制度产生了重要影响。

第四，通论礼义、学术和礼学思想。包括《礼运》《学记》《乐记》《经解》《哀公问》《孔子燕居》《孔子闲居》《坊记》《中庸》《表记》《缁衣》《儒行》《大学》等十三篇。

《礼记》比之《周礼》和《仪礼》更为重要，主要不在于介绍礼节仪式的具体践行，而在于发掘为何要遵守和践行不同礼仪的内在蕴含，阐发礼之生成和运行的内容和思想，这也是《礼记》在“三礼”之中能够脱颖而出，并代表“礼”而成为儒家“五经”之一的最重要的原因。具体见下面条目的阐释。

## 三、《礼记》的思想

作为中华文明集中体现的礼乐文明，它关于礼乐的思想，主要就是通过《礼记》的记载而传承下来的。其中，尤其是礼，包含了国家政治、君民关系、礼仪规制、仁义道德等各个方面的内容。因此，《礼记》虽然是儒家经典，但它表述的思想，不仅仅属于儒家自身，而是已深深地融入整个社会文化和人们的精神品格之中。学习和了解《礼记》，对于传承和弘扬中华优秀传统文化，有重要的意义和作用。

### （一）《学记》与《大学》

《学记》是我国最早的一篇教育学思想专论，是对先秦时期的教学实践活动及教育思想的总结。其中，包括教育体制、教学内容、教学原则和方法的教育学自身的内容，也涉及教学活动中需要遵守的礼仪规范与典章制度。同时，要求教学要服务于社会国家和治理民众的需要，做到“建国君民，教学为先”。

“教学”包括教与学，“学然后知不足，教然后知困”。强调“教学相长”是《学记》教学思想的一个突出特点。针对“大学”教育的不同阶段，《学记》提出了非常具体的考核要求：

> 一年视离经（析经断句）辨志，三年视敬业乐群，五年视博习亲师，七年视论学取友，谓之小成。九年知类通达，强立（自强独立）而不反（不违师教），谓之大成。夫然后足以化民易俗，近者说（悦）服而远者怀之，此大学之道也。

在九年的系统学习中，共分为五个前后衔接的阶段，其中“小成”四段七年，“大成”一段二年；而以“化民易俗，近者说服，而远者怀之”作为大学之道的归结。但后者不是“大成”之后才突然出现的，而是在先前“敬业乐群”“博习亲师”“论学取友”

“知类通达”等教学要求的基础上的自然成就，只是更强化了德行示范和感染的道德力量。

《大学》较之《学记》，其论“大学之道”注重内在德性修养的特色更为突出。所述三纲领八条目，都重在进学修身，发扬内在的光明德性而止于至善是《大学》教育的根本目的。《大学》第一次把个人格物致知的求知活动、德性修养与治国平天下的事业直接关联起来，而后者在最终的意义上决定着个人修身之成败。

不过，在汉唐时期，经学家们认知《大学》，主要还是从知识的广博及其推广应用层面看问题的。郑玄说，所以称作“大学”，在于“其记博学，可以为政也”，意味《大学》此篇学问广博，可以用来治理国家。孔颖达继承此意，但又联系到个人的德行修养，认为《大学》是“论学成之事，能治其国，章明其德于天下，却本明德所由，先从诚意为始”，意在把修身与治国平天下密切关联起来。至于对修身的具体要求，则是强调“慎独”和倡导“絜矩之道”，注重自我的内在反省。主张君子应该慎德亲民，好仁好义，而不能谋财争利。

虽然《大学》篇幅不长，但其章节次序有无错乱，文字有无缺失，个别词语作何解释，宋明时期一直是存在争议的问题，其中朱熹和王阳明为主要的代表。问题突出的有：“格物致知”一章原来有无解释及文字是否亡佚；“三纲领”中的“亲民”是本来就是“亲（爱）民”还是当作“新（革旧）民”等。不同的编排次序及其文字有无亡佚，反映了不同的思想观念及其理论走向。至于从格物致知和个人修身齐家能否直接导向治国平天下目标的实现，则是一个历史进入现代社会阶段才出现的问题。

**（二）《中庸》与《乐记》**

关于《中庸》，在《礼记》全部篇目中，《中庸》是尤重内在心性的一篇，它所提出和阐发的诸多观念，后来成为宋明理学兴起和发展最为重要的理论资源。

“天命之谓性”是《中庸》提出并对后世具有深远影响的观念。人性既由天赋予，就属于客观必然，实际上为人的仁义本性提供了宇宙论层面的支撑。人循性而行就叫作道，所以道是不可须臾与人相分离的。性与道实际便是一体。此性在人的喜怒哀乐情感尚未产生前（因不偏不倚）属于“中”；情一旦产生又能符合外在的礼仪规范，则叫作“和”。“中和”与“中庸”相呼应，构成天下的大本和达道。

儒家的核心思想是仁爱，《中庸》讲明“仁者人也，亲亲为大（先）；义者宜也，尊贤为大。亲亲之杀（shài），尊贤之等，礼所生也”。这一段话后来常常遭到误解，它本来是说：仁落实于人与人之间的亲爱致意，其具体实施是先亲己亲，然后由亲及疏，爱及他人，这就是“亲亲为大（先）”；相应地，人为亲属服丧的丧服轻重，亦因与亲属关系的亲疏远近而依次递减，服丧渐轻，是所谓“亲亲之衰杀（cuīshài）”。“礼”便是由分辨明晰这些差等关系而生，爱有差等的观念从这里衍生了出来。但正因为如此，仁爱蕴含的差等，只是反映爱由近及远实施的先后次序，或者丧服、丧期由亲及疏的依次递减，并不关涉亲亲是否最重要或爱本身的尊卑贵贱问题。

《中庸》为治理天下国家提出了“九经”（九项常行的国策）和“博学之，审问之，慎思之，明辨之，笃行之”的进学之方；又突出“诚”（实）的概念，认为人的学习进步是自“明”（知善）而“诚”（实为善）的过程。但人不能只是成就自己（成己），还应当将内在充实的仁德推广落实到外物上去（成物）。人之治学求知与涵养德性被认为是统一的过程，所谓“君子尊德性而道问学，致广大而尽精微，极高明而道中庸”，即经由问学而推尊德性，推致于广博又尽知细微，极就高明之德又能通达中庸平和之理。

《中庸》还提出了“今天下车同轨，书同文，行同伦”的著名论断，其解释有说是指周天子封建制的天下共主，但今人多认为是指秦始皇郡县制的天下一统，其“三同”体现了“大一统”国家的新气象，系后人补入《中庸》篇中的。

关于《乐记》，由于“乐经”的缺乏，如今可见的先哲关于“乐”的最重要的论述便载于《乐记》。也正因为如此，乐往往是与礼整合在一起来论述的，是圣人呼应历史发展的产物。“王者功成作乐，治定制礼”，儒家乐论的创设，是从儒家圣人舜及其乐官夔作歌制乐以赏诸侯的时代开始，其作用在于安定谐和天下。先秦儒家感慨的“礼坏乐崩”，既描述了前一王朝统治秩序崩坏的现实，又为后一新兴王朝的制礼作乐提供了理论的支撑，所以不同圣王需要制定适合于自身朝代的礼乐制度，并以此彰显自身治平天下的业绩。故“故五帝殊时，不相沿乐；三王异世，不相袭礼”。礼与乐的分工是乐主和同，礼重辨异，同则相亲，异则相敬，仁近于乐，义近于礼。由于乐动心于内而礼动身于外，所以说是乐治心而礼治身。礼乐双方各有其用又统一于社会和人心的调理。

《乐记》对音乐的起源和意义进行了长篇论述，强调音生于人心，声音之道与政通，故有善的治世之音和恶的乱世之音。基于“乐者，通伦理者也”的理由，认为先王的制礼作乐，不是为满足人的口腹耳目之欲，而是在知好恶正邪以回归人道之正。所以，郑卫之音、桑间濮上之音这些民间歌谣都被认为是亡国之音。

《乐记》围绕心性情的关系讨论音乐（含舞蹈）的价值及其对人的作用，阐发了“人生而静，天之性也。感于物而动，性之欲也”的以动静论性情（欲）的重要思想，认为人“好恶无节于内，知诱于外，不能反躬，天理灭矣”。就是说，人如果不能反省自身，节制欲望，先天本性（天理）就会泯灭。结果，便会出现“强者胁弱，众者暴寡，知者诈愚，勇者苦怯，疾病不养，老幼孤独不得其所”的“大乱之道”，这与“使老有所终，壮有所用，幼有所长，矜寡孤独废疾者皆有所养”的“大同”之道形成了鲜明的对照。为了避免社会走向“大乱”，就必须通过和合礼乐来进行引导，并要求礼乐刑政的协调一致以治理国家，而目标就是以和敬、和顺、和亲为特色的和谐社会。

《乐记》以天性之静和感物而动的欲求区分先天本性与后天人性，并将天理与人欲对立起来，对宋以后理学的本体论、人性论、伦理观甚至普通市民的生活都产生了重大影响。

### （三）《礼运》等篇

《礼运》，顾名思义在礼之“运”，按郑玄所说，“名曰《礼运》者，以其记五帝三王相变易、阴阳转旋之道”，首先便以大同小康社会开篇。“大道之行也，天下为公”是儒家托孔子之口提出的理想，虽说当今社会已是“大道既隐，天下为家”，但“大同”的天下为公与小康的礼制现实，在后来社会实际上是相互发明的关系：“选贤与能，讲信修睦”的天下为公在小康的礼制社会同样是被遵循的准则；而“养生送死”的“人之大端”既是礼制社会的基本要求，也是博爱“大道”的应有内涵。

《礼运》倡导“以天下为一家，以中国为一人”。“天下一家”针对的是不同地域、部落、氏族的和睦相处和民心凝聚，关注的是“群”的关系；“中国一人”则侧重于君王个体对所治地域的主管、引导和教化，突出的是“己（我）”应担负的责任。

所以，《礼运》突出了人本身的地位和价值，阐明人是气化的产物，“故人者，其天地之德、阴阳之交、鬼神之会、五行之秀气也”。但人之贵在于有德性，郑玄以为人是兼具气与性之美善的。天地四时五行十二月的运行，最后结晶于禀仁义礼智信五常而生的人，“故人者，天地之心也”。礼与乐一样，都是本于天而调节运行于人的。

从历史的必要性看，礼是随着人类从茹毛饮血的原始时代走向文明，为规范社会秩序而由圣王逐步创制起来的。要治国安民、调节理顺人情，礼就是最根本的手段，所谓“失之者死，得之者生”。礼的根本作用在安邦治民，这是贯穿整部《礼记》的一条主线。当然其最终目标，是天地人情的大顺而致太平。

《哀公问》提出“人道政为大”，而“政者正也，君为正，则百姓从政矣”。君主德行端正为百姓做出了最好的示范。与《中庸》立足“二人”关系的“亲亲为大”相反，《哀公问》立足治国，则强调“爱人为大”，以为“古之为政，爱人为大。不能爱人，不能有其身。不能有其身，不能安土。不能安土，不能乐天。不能乐天，不能成其身”。“爱人”乃为政之最先务，进而才能乐天安土而“成身”。

“爱人为大”与“亲亲为大”的矛盾可以调和。双方本来是同一个仁爱在普遍原则（爱人）和具体实践（亲亲）不同层面的表现。对于统治者来说，社会国家的安稳是第一位的，而这便与和谐民众、疏通民心的“爱人为大”关联了起来。

《表记》强调仁者为天下人之表率的意义，并从“礼尚往来”出发，勾画了四种互相报答的情形：“以德报德，则民有所劝；以怨报怨，则民有所惩”；而“以德报怨，则宽身之仁（民）也；以怨报德，则刑戮之民也”。按礼的精神应当以德报德，其余三种都非正当。并引《尚书·太甲》之言“民非后（王），无能胥（相）以宁；后非民，无以辟（君临）四方”，发明君王与民众的相互依赖关系。同时，《表记》又十分注重君子的谦逊之德，宣扬爱民如父母的精神。

《坊记》，“坊”即“防”义，《坊记》相较于《表记》等其他篇章，其关节点不是重民而是防民。因为民行仁义不足，所以君子之道，就好比在设坊（堤防）：“故君子礼以坊德，刑以坊淫，命（法令）以坊欲。”礼的定义也因此成为：“礼者，因人之情而为之节文，以为民坊者也。”制定此“节文”的意义，就在于维护“贵贱有等，衣服有别，朝廷有位”的规范秩序。但即便是“大为之坊，民犹逾之”，所以民是很难听从引导和管理的。这固然有民之素质低下的缘故，所谓“小人贫斯约（穷），富斯骄；约斯盗，骄斯乱”，但也是整个社会没有树立正确的价值导向所致：“贫而好乐，富而好礼，众而以宁者，天下其几矣。”不但基本看不到“贫而好乐，富而好礼”这样孔子当年推崇的高贵品格，而且众家大族又经常作乱，所以“坊民”不是仅限于下层平民，而是也包括诸侯大族那些可能的“畔（叛）者”在内。其根本点，就在争利而亡义，所以民难防。

不过，《坊记》仍然看重君子为民之表率的必要性，对因此而民有礼让的前景抱有期待，尤其提出了“君子贵人而贱己，先人而后己，则民作让”的先人后己观以引导民众。这一观念的雏形，是已佚之古礼学文献《礼志》中的“欲人之爱己也，必先爱人”的爱人先于爱己说。中华文化系统中从上层社会到普通民众，在他们的日常生活实践之中，都是认同“先人后己”的美德并给予了普遍赞扬的。

总体来看，《礼记》中的《大学》《中庸》《乐记》《礼运》等篇对后世影响深远。唐宋以后，学者将它们与《周易》、《论语》及《孟子》等子学经典相配合，力求发掘为先前儒家学者所忽视的蕴含于其中的性命义理，最终推动传统儒学走向新儒学——宋明理学。

## 思考题

1. 如何认识“礼”的“三礼”？
2. 《礼记》是怎样“记”礼的？
3. 《礼记》的主要内容是什么？

# 第五节 春秋

中国传统文化经典，如果不算《周易》，从《尚书》、《诗经》到《春秋》，有一个大致的前后时间的接续。用孟子的表述，就是“王者之迹熄而《诗》亡，《诗》亡然后《春秋》作”。在这三部经典中，《尚书》除最后所附《费誓》《秦誓》两篇叙述侯国之事外，可以说是典型的“王者之迹”；《诗经》所载，亦反映了周王朝上达天子下至民夫的生活事迹。所谓“王者之迹熄”，按后来朱熹的解说，是指西周灭亡，平王东迁，周王的政教号令不再能施行于天下。至于“《诗》亡”，则是说平王徙居东都王城后，王室地位下降，以致与其他诸侯国无异，故《黍离》等《王》诗诸篇不再属于标示周王室作品的《雅》，而降低为《风》，即后十五国风中的《王风》。由此，所谓“《诗》亡”不是指整部《诗》不再有，而是特指《诗》之王诗《雅》亡，意味历史从此进入列国争锋的春秋时代。

## 一、“春秋”之义与《春秋》之书

“春秋”二字在今天，如果不做特别说明，主要有二义：一是指历史上的“春秋”时代，通常与随后的“战国”合称为先秦时期的春秋战国时代；二是指《春秋》这部著作。当然后者之得名，跟前者有密切的关联。

### （一）何谓“春秋”

按“《诗》亡然后《春秋》作”的定位，东周以后，历史便进入了“春秋”时期。所以称此时期为“春秋”，无疑与《春秋》经所记这段历史年代有关，可为何要用“春秋”二字来纪年呢？

综合古人的见解，是说历史著作记事都要首先标明年代，可一年有四时，不方便以四字作为书名，于是将春夏秋冬交错互举而取“春秋”二字。那为何不取“夏冬”呢？因为一则从气候变化说，春先于夏，秋先于冬，举先可以及后，言春秋可以兼夏冬，故虽只言“春秋”二字，实足以包春夏秋冬四时之义。二则春为万物生长之始，秋为万物收成之终，万物生长始于春而终于秋，故谓之“春秋”。后者尤其彰显了以农业立国的中华文明的特色。春种秋收是一年中最为重要的农事活动，人们的生计维系于此，故以“春秋”来纪年也就顺理成章。

但今人对这一观点有不同意见。于省吾先生考证，从商代到周初，人们纪年还只有春秋二时制。虽然四时制在西周后期已开始出现，但新旧事物的变革要影响到人们的风俗习惯会有一定的滞后性。就是说，“《春秋》一书的名称，虽然出现在既有四时制以后，但为期很近，它是保持着旧日称一周年为‘春秋’的习惯传统作风”，而不是古人所说的于四时中错举二时，言春秋便可兼夏冬。

接下来，既然称年为春秋，纪年之史名为“春秋”就十分自然。《汉书·艺文志》说，古代君王，世世都有史官来记载他们的言行和事迹，以约束和规劝他们的行为。而“左史记言，右史记事，事为《春秋》，言为《尚书》，帝王靡不同之”。班固的这一说法影响深远，今天的人们也常常引用他的这一观点。不过，《礼记·玉藻》释左史、右史所记并不相同，后者言君王“动则左史书之，言则右史书之”。由于《春秋》属于动作之事，故当为左史所书。孔颖达整合二说，说明左、右并不是史官之名，在《周礼》中也没有左史、右史之官。左史、右史名称的由来，无非是当时君王让他们跟随在左右身旁，由于各自的分工职责而形成的。如此分工大致是循左阳右阴的惯例，左属阳道，阳气施生，故令之记动，而有《春秋》；右属阴道，阴气安静，故使之记言，而有《尚书》。那么，《汉书·艺文志》称“左史记言，右史记事”便是不恰当的。在此意义上，《春秋》便是一般史记之通称。事实上确有多国史记都号为《春秋》者，除鲁《春秋》外，如《墨子》书中，便有提到“周之春秋”“燕之春秋”“宋之春秋”“齐之春秋”等书及其内容。

不过，事情还有另一方面。按孟子“《诗》亡然后《春秋》作”的说法，《春秋》在这里又不是泛指各国史记，而是成了鲁国国史专有的名称。所谓“晋之《乘》，楚之《梼杌》，鲁之《春秋》，一也：其事则齐桓、晋文，其文则史”。就是说，晋国的史记称作《乘》，楚国的史记谓之《梼杌》，鲁国的史记则命名为《春秋》，鲁国的《春秋》突出了编年记事的意味。孟子以为，各国史记的称谓虽然不同，但实质上并无区别。在“王者之迹熄”即周天子已失去天下共主的地位后，存在于中华大地的，就只有相互争胜的霸者事迹了。齐桓公、晋文公的先后称霸便为其代表。各国史官记录这些事迹而成的文献，就构成了各国的史书，或曰各国的《春秋》。

当然，史书之记载，不仅仅是叙述事实，而是也带有一定的价值导向，敬德和循礼成为贯穿国家政治的基本原则。《左传·昭公二年》（公元前540年）记载，晋国执政韩宣子在鲁国太史处见到了《易象》与鲁《春秋》，并赞叹“周礼尽在鲁矣！吾乃今知周公之德与周之所以王也”。由于《易》之卦爻象并不能直接体现周公以德治国的政治原则以及周所以兴起和昌盛的缘由，故这方面的内容应该都记载于《春秋》之中，并且，周代的礼义制度自周公、伯禽而后一直在鲁传承了下来，因而引起了韩宣子由衷的赞叹。

### （二）孔子与《春秋》

在上述孟子的那段话“其事则齐桓、晋文，其文则史”之后，他引用了孔子的“其义则丘窃取之矣”一语。那么，《春秋》从“其事”、“其文”到“其义”，分别呈现了各诸侯国争霸的事迹、各国史官相应的文字记述，以及蕴含于各国史记中扬善惩恶的价值指向。后者便是孔子以为他从国史《春秋》中所“窃取”之义。谓之“窃取”，是说孔子不敢公开张扬自己的主张，而是私下通过自己的“笔法”，在修订《春秋》时将褒贬赏罚的“大义”寓于《春秋》的文字即“微言”之中。《礼记·经解》中载有孔子的“属辞比事，《春秋》教也”之语，参照郑玄和孔颖达的解释，是说将诸侯朝聘会同、侵伐斗争之辞事缀属成文，排比其间的盈虚兴替并予以褒贬，这便是《春秋》对下民的教化。同样也说明了这一道理。

历史上，从作为“鲁史记之名”的鲁国《春秋》，到流传至今的作为儒家经典的《春秋》，经历了一个不平凡的过程。其中，最大的问题是孔子与《春秋》的关系。最初，作为《春秋》传记的《左氏传》和《公羊传》提出孔子修订过《春秋》文字，到孟子则直接认定孔子作《春秋》。再往后到司马迁，更具体叙述了孔子作《春秋》的前因后果。随着汉代经学和国家对孔子的推崇，孔子作《春秋》遂成了正统的见解。但从古至今，亦有不少学者通过细致的考证，认为孔子不曾作过甚至不曾修过《春秋》，今传本《春秋》就是鲁国的史书。孔子只是将《春秋》作为教本教育弟子，并通过弟子而传了下来。不过，本书仍按历史上的正统见解，叙述孔子作《春秋》。

1. 孟子的见解

在认同孔子作《春秋》的前提下，必然会出现的问题就是，鲁《春秋》作为鲁国史书既然本已有之，孔子为何还要自作《春秋》呢？对此的回答，以后来孟子的解释最为有名。孟子说：

> 世衰道微，邪说暴行有作，臣弑其君者有之，子弑其父者有之。孔子惧，作《春秋》。《春秋》，天子之事也。是故孔子曰：“知我者其惟《春秋》乎！罪我者其惟《春秋》乎！”
>
> 昔者禹抑洪水而天下平，周公兼夷狄，驱猛兽而百姓宁，孔子成《春秋》而乱臣贼子惧。（《孟子·滕文公下》）

孟子的这两段话非常经典，后来凡涉及孔子与《春秋》的关系，人们几乎没有不引用的。那这主要表述了什么思想呢？一方面是世衰道微、邪说暴行当道的社会环境，父子君臣之间不再由道义维系。孔子惧怕此礼坏乐崩、以下犯上的大乱情势难以收拾，于是创作了《春秋》，以为天下王公大人警示之用。另一方面，孔子作《春秋》寓褒贬赏罚之意于文辞之中，其实也是越位之事。因为论断史实之是非曲直唯一的标准是礼（周礼），然“非天子不议礼”，“虽有其德，苟无其位，亦不敢作礼乐焉”，这本来就是孔子自己传授给子孙的谆谆教诲。孔子作为一个无权无势的士人，作《春秋》而扬善惩恶，可以说是在“议礼”，无疑也就有僭越的意味。后人如果要怪罪孔子，从正面讲，就在于孔子作《春秋》行天子之褒贬而越礼；在这方面，那些在王公之位而不行仁义之人，就如同在《春秋》中被贬绝的君臣一样，自然也是要深深诋毁孔子的。

同时，先秦时期的史官，本来有秉笔直书的“直笔”传统，以为后人留下可以信赖的真实史料。孔子不论是修还是作《春秋》，实际都是为了张扬自己心中的正义而牺牲了历史真相。这样的后果，固然有益于维护历史人物及其活动的正面价值和奖善罚恶的道义需要，但也由此使“为尊者讳”成为修史者自觉或不自觉遵奉的信条，史实记载不再那么单纯了。后人如果要“罪”孔子，这也可算是一条理由。

从历史的发展说，随着孔子地位的逐渐升高和儒学成了独尊的学术，一般不会再有公开排诋孔子即“罪我者”的情形，社会的现实是学习和景仰孔子的“知我者”成了思想文化发展的主流。在孟子，孔子作《春秋》已被视为像大禹平治洪水、周公安定天下百姓那样的巨大功劳，因为那些僭礼犯上的乱臣贼子读到《春秋》便会感到恐惧，好像字字句句都是在针对和谴责他们一样。

孟子此说，后来被视为正统和主流的见解，以至于“孔子成《春秋》而乱臣贼子惧”成为圣人言语的权威性和经典威力的最精到的揭示。然而，历史的事实是，尽管《春秋》成为儒家乃至国家的经典，但所谓“乱臣贼子”并未因有孔子的《春秋》而感到惧怕，犯上作乱照样是层出不穷，贪婪无度的欲求和政治经济地位的不平等才是产生乱臣贼子的最根本原因。

2. 司马迁的记述

西汉初，司马迁撰《史记》，由于《春秋》本就是史，与司马迁作为史官记事有天然的亲缘性，所以他在为孔子所作《世家》及在《太史公自序》中，都对孔子作《春秋》以及为何作《春秋》做了大段的铺陈。其中不少段落，后人事实上也奉为圭臬。下面依次分析：

> 子曰：“弗乎弗乎，君子病没世而名不称焉。吾道不行矣，吾何以自见于后世哉？”乃因史记作春秋，上至隐公，下讫哀公十四年，十二公。据鲁，亲周，故殷，运之三代。约其文辞而指博。故吴、楚之君自称王，而《春秋》贬之曰“子”；践土之会实召周天子，而《春秋》讳之曰“天王狩于河阳”：推此类以绳当世，贬损之义，

后有王者举而开之。《春秋》之义行，则天下乱臣贼子惧焉。(《史记·孔子世家》)

在上面这段话之前，司马迁有一个铺垫，即孔子所遭遇的一连串的不幸：孔子最中意的弟子颜渊故去，作为太平祥瑞之兽的麟成为猎物，黄河、洛水不再有“图书”(河图洛书)出现。如此境遇使孔子感慨天命无常却又无可奈何。但毕竟孔子与常人不一般，他在预感到自己生命无几的情况下，“不怨天，不尤人”，而想要为人世留下点什么。这便是此段开头，我们看到孔子不甘于默默无闻地离世，而希望将毕生所追寻和推行之道传扬下去。

于是，孔子依据已有的鲁国史籍记载，重新编写了《春秋》一书。其时间范围是上起鲁隐公元年（公元前722年），下至鲁哀公十四年（公元前481年），经历了十二代鲁公，首末共计二百四十二年的历史。不过，为何是这样一个时间段，有必要进行说明。

一是《春秋》的始年。“春秋”史的纪年通常是从周平王元年（公元前770年）即“东周”开始，为何《春秋》一书的纪年却几乎晚了半个世纪，一直不得详解。马宗霍以为，合理的猜测是在此之前的史册遗失了，只有鲁隐公元年（周平王四十九年）以后的史实记载才被保留了下来。

二是《春秋》的终年。司马迁认为孔子所作《春秋》是止于鲁哀公十四年“西狩获麟”。麟在孔子看来是祥瑞的仁兽，本应呼应圣人在位而来，可在礼坏乐崩的当下，麟的到来（被猎户杀死），反倒意味孔子之道的困穷，所以悲哀中的孔子便以此绝笔。不过，由于《春秋》并没有独立的文本流传下来，所见都是与后来的传文合编在一起的。就流传至今的三种传文《左氏传》《公羊传》《谷梁传》所载《春秋》经文看，《公羊传》《谷梁传》均为鲁哀公十四年，亦即《史记》所采。另有说法是，在这一年发生了一件大事，就是齐国陈恒（田常子）弑君（齐简公），孔子斋戒沐浴，郑重地请求鲁哀公出兵讨伐，哀公推脱，执政大臣亦不肯，孔子对国政失望至极，于是《春秋》止于此年。跟《公羊传》《谷梁传》不同，《左氏传》所载《春秋》经文，后延两年记到孔子去世，即鲁哀公十六年（公元前479年），后儒多以为系孔子弟子欲记孔子之终，故采鲁史以续补。

回到孔子作《春秋》，司马迁概括孔子的基本立场为“据鲁”“亲周”“故殷”并要“运之三代”。大意是说，以鲁国史实为主要依据，亲近周王并以其为天下共主，以追忆殷商为借鉴，其褒贬评价还贯穿运用于夏商周三代之事（礼）。

在具体写作上，《春秋》文辞简约而意旨广博。例如，吴国、楚国的国君自称为王，《春秋》却贬称他们为“子（爵）”；晋文公在践土与诸侯会盟，召集周襄王赴会，《春秋》却为之避讳，称周天子巡狩于河阳，以此类推。《春秋》通过这种“笔法”，以道义原则去约束当世的权贵。后来的君王采纳和推广了《春秋》行褒贬的大义，使《春秋》的大义得以在天下通行，乱臣贼子于是都感到害怕。这显然承接了孟子之说。

> 上大夫壶遂曰："昔孔子何为而作《春秋》哉?"太史公曰："余闻董生曰：'周道衰废，孔子为鲁司寇，诸侯害之，大夫壅之。孔子知言之不用，道之不行也，是非二百四十二年之中，以为天下仪表，贬天子，退诸侯，讨大夫，以达王事而已矣。'子曰：'我欲载之空言，不如见之于行事之深切著明也。'夫《春秋》，上明三王之道，下辨人事之纪，别嫌疑，明是非，定犹豫，善善恶恶，贤贤贱不肖，存亡国，继绝世，补敝起废，王道之大者也。"(《史记·太史公自序》)

司马迁引证其师董仲舒和《春秋纬》所记，发明孔子作《春秋》的意图。大致有三点：一是孔子为鲁司寇时，因具有一定的权力而能够推行自己的主张，自然不需要作《春秋》；二是由于诸侯、大夫害怕和诋毁孔子，致使孔子不再被任用，也不能再推行其道，在此形势下，孔子为维护天下正义，弘扬王道，只能退而作《春秋》，以此作为褒贬天子王侯是非得失的标准；三是孔子自己对载之空言与见之行事进行权衡后，认为与其空谈一般的是非标准，不如将其放到二百四十二年的历史事迹之中，针对具体的人物事件进行评判，并将自己想要说的话确切明白地载于简册之中，以便扬善惩恶，使后来者能以此为戒。

既然孔子自己已将《春秋》放到了如此重要的地位，司马迁自然也不吝惜进一步的拔高。按他的归结，《春秋》这部书，不但是孔子所欣慕的夏商周三代政治的再现，而且能够明辨人事是非、奖善罚恶，甚至使已灭亡的国家和已断绝禄位的后代能够恢复接续起来。司马迁以为，孔子心中的王道，最重要的内容都已包含在其中。

> 拨乱世反之正，莫近于《春秋》。《春秋》文成数万，其指数千。万物之散聚皆在《春秋》。《春秋》之中，弑君三十六，亡国五十二，诸侯奔走不得保其社稷者不可胜数。察其所以，皆失其本已。故《易》曰"失之毫厘，差以千里。"故曰"臣弑君，子弑父，非一旦一夕之故也，其渐久矣。"故有国者不可以不知《春秋》，前有谗而弗见，后有贼而不知。为人臣者不可以不知《春秋》，守经事而不知其宜，遭变事而不知其权。为人君父而不通于《春秋》之义者，必蒙首恶之名。为人臣子而不通于《春秋》之义者，必陷篡弑之诛、死罪之名。其实皆以为善，为之不知其义，被之空言而不敢辞。夫不通礼义之旨，至于君不君、臣不臣、父不父、子不子。夫君不君则犯，臣不臣则诛，父不父则无道，子不子则不孝。此四行者，天下之大过也。以天下之大过予之，则受而弗敢辞。故《春秋》者，礼义之大宗也。(《史记·太史公自序》)

在这段论述中，尽管司马迁强调"万物之散聚皆在《春秋》"，《春秋》成了统合万物变迁之理的“聚宝盆”，但最后的落脚点仍在于一个“义”字。事实上，在儒家各经典中，《春秋》的确是以讲“义”为特色的。这个“义”，在一般意义上可说是正义，但在《春秋》的具体环境中，最核心的还是君臣父子、上下尊卑之义。在孔子，这是维持正当的社会秩序所必需的大义。春秋时的乱世之乱，最根本的就是颠倒了这一正常秩序，使得君不君、臣不臣、父不父、子不子，以致弑君篡国者接踵而至，数不胜数。探究其原因，就在于礼法秩序不能得到遵守，所谓“皆失其本已”。但乱臣贼子的恶行也不是一朝一夕所养成的，而是长期不知《春秋》大义导致的必然结果。而且，在司马迁看来，即便是人本来心地为善，但如果不知《春秋》大义，也会沦亡于罪过之中而不能自辞。因此，必须要强化《春秋》大义的正宗地位和权威性，使得一切违礼者认其罪，乱法者受其惩，以最终实现拨乱反正而回归王道政治的目的。

不过，司马迁这里提到的几个数字，像“《春秋》文成数万，其指数千”和“《春秋》之中，弑君三十六，亡国五十二”等，存在统计和解释上的问题。例如，据今人统计，《春秋》中“弑君”便不止三十六位；而《春秋》的字数，古人统计为一万八千字（不含标点），称为“数万”亦十分勉强。在这里，司马迁为强调从其中吸取教训，引证了“《易》”的两条经文——“失之毫厘，差以千里”与“臣弑君，子弑父，非一旦一夕之故也，其渐久矣”，前者并不出自《周易》本文，而是出自汉时儒生辅助发明《周易》经文的纬书（《易纬》）；后者则源自《周易》坤卦的《文言》，但文字有所简化。

## 二、《春秋》的经与传

《春秋》经孔子修订，由鲁国史书成为儒家经典。《春秋》在流传中，逐步形成了众家之说。前已提及，最典型的便是《左氏传》、《公羊传》和《谷梁传》“三传”。但此情形并非一开始就是如此，而是历史选择的产物。

### （一）《春秋》经传的流传

《春秋》虽然总体是奖善罚恶，但乱世之中，自然是恶多善少，所以重在贬损当世君臣。为避免时难，传者“隐其书而不宣”，故只在师弟间口耳相传。随之遭秦焚书，口说流行，主要形成左氏、公羊氏、谷梁氏、邹氏和夹氏五家之说。汉兴以后，《公羊传》《谷梁传》之学成了官学而得以顺利传授，邹氏有书但没有讲授的老师，夹氏则只有书录而无成书，故邹氏、夹氏的流传便缺乏后劲，勉强传到西汉末“王莽之乱”时便断绝了。

《左氏传》的情况则较为复杂，史传所叙又不尽一致。大致来说，汉兴之后，北平侯张苍、梁王太傅贾谊等一批人是最早修治《春秋左氏传》的学者。张苍在秦时为柱下史，掌管图书文献，能够阅读到秦朝宫廷秘藏的典籍；而贾谊一说是张苍的学生，贾谊作有

《左氏传训故》，并传其学给赵国人贯公，贯公是河间献王的博士。不过，贾谊的《左氏传训故》，并未见《汉书·艺文志》着录。其后，又经过多人的传承，到西汉末，《左氏传》之学终于开始光大，修治和传授者主要有贾护与刘歆这两支，为时人所推崇。这应该与当时的政局有关：贾护的后学是王莽，刘歆亦为王莽垂青。二人之中，刘歆由于家传、学识以及毅力等缘故，所起的作用要更大。

《春秋左氏传》因其藏于秘府，并不为世人所知。刘歆领校皇宫秘藏之书，发现了以先秦东方六国通行的古文字书写的《春秋左氏传》，十分珍爱。但因长期无人问津，"经或脱简，传或间编"，刘歆于是广引传文以解经，经传转相发明，《左氏传》的章句义理方得以完备。刘歆虽以《左氏传》传授子弟，但《左氏传》的官学之路却颇多曲折。初时刘歆力主将其立为学官而未能遂愿。平帝时，王莽实际掌权，《左氏春秋》以及古文《尚书》等终立于学官。但东汉之初又起争端，时立时罢。不过，随着越来越多的人接受古文经典，至魏代汉以后，《左氏春秋》终通行于世，并且地位也超于《公羊传》《谷梁传》而成为《春秋》学的主流。

《春秋》经传的篇幅，就经文说，《汉书·艺文志》着录为"《春秋古经》十二篇"；"《经》十一卷。公羊、谷梁两家"。"篇"与"卷"的含义，按杨伯峻所说，"篇"指用竹简、木简书写，"卷"则指用丝帛书写，大体表明有两种形式的《春秋》经流传下来。一是《春秋古经》，是先秦时期书写在简上的经文。如果将"古"字理解为古文，具体就是《春秋左氏传》所载之经文十二篇（十二公）；二是由公羊、谷梁两家所传的《经》，是汉代书写在帛上的经文，即当时的"今文"，所以是十一卷，比古文经少了一卷（篇），后人以为是因闵公幼年即位又二年而薨，其事短暂，故不足以成卷，而附在庄公之后。又有人说是"子未三年，无改于父之道"，故不独立成卷。不论何种原因，闵公既然合并到庄公卷，十二卷也就变成了十一卷（公）。

《春秋》"三传"的篇幅，按《汉书·艺文志》着录，《左氏传》三十卷，《公羊传》十一卷，《谷梁传》十一卷。最初，经与传各自是分开的，即便经传合编在一起，也是经是经，传是传，实际是两本书。例如《春秋左氏传》，本来是一部独立的著作，即便汇集合编在一起，也是《春秋经》与《左氏传》前后分离为两部分，到西晋杜预为其作注解的时候，才把经与传拆开分年合并，成为今天所看到的模样。这与《周易》经传合并的情形相似。

### （二）"三传"经文的文字

《春秋》"三传"传文不同，所载经文大体一致，但也存在不少差别。其中，最明显的，便是《左氏传》于鲁哀公十四年"西狩获麟"之后，还附记有二十多条经文。传统上解释为这是鲁史旧文，孔子弟子采来，以续补孔子所修之经，直到鲁哀公十六年四月孔子过世为止。不过这一说法并未得到普遍的认同。

除此之外，差别主要表现在记载相关事例的文字表述不尽相同。客观地说，“三传”经文最初大多是口口相传，授受之中，文字记载出现差误本属正常。但也有一些差误影响到文意的表达，并因此引起了义理上的不同解释和发挥。下面仅以《春秋》经文开篇隐公元年至六年的情况为例，来看一下“三传”中的不同。如下表（略去干支及月份，凡有差别者以加粗表示）：

| | 左氏传 | 公羊传 | 谷梁传 |
|---|---|---|---|
| 元年 | 公及**邾**仪父盟于**蔑**。 | 公及**邾娄**仪父盟于**眜**。 | 公及**邾**仪父盟于**眜**。 |
| 二年 | 纪**裂繻**来逆女；纪子**帛**莒子盟于密。 | 纪**履緰**来逆女；纪子**伯**莒子盟于密。 | 纪**履緰**来逆女；纪子**伯**莒子盟于密。 |
| 三年 | **君**氏卒；葬宋**穆**公。 | **尹**氏卒；葬宋**缪**公。 | **尹**氏卒；葬宋**缪**公。 |
| 四年 | 卫**州**吁弑其君完。 | 卫**州**吁弑其君完。 | 卫**祝**吁弑其君完。 |
| 五年 | 公**矢**鱼于棠。 | 公**观**鱼于棠。 | 公**观**鱼于棠。 |
| 六年 | 郑人来**渝**平。 | 郑人来**输**平。 | 郑人来**输**平。 |

从上述六年的情况中，可以看到“三传”中没有一年文字是完全一致的。比较而言，《公羊传》《谷梁传》相互间多般配，而《左氏传》除（四年）一处外，每与《公羊传》《谷梁传》有差别。这说明古文系统与今文系统的确有不同。这些不同又分几种情况：一是不影响含义的同音假借字，如“蔑”与“眜”（miè）、“繻”与“緰”（xū）、“帛”与“伯”、“穆”与“缪”（mù）、“州”（zhōu）与“祝”（zhòu）；二是在意义上相关联，如“矢鱼”与“观鱼”，指观看捕鱼之人取鱼陈设（矢）的游乐；三是不影响含义的姓名记载的差别，如“纪裂繻”与“纪履緰”、“邾仪父”与“邾娄仪父”；四是经文文字不同而各传文据此发挥的含义也不同，如第三年的“君氏”与“尹氏”和第六年的“渝平”与“输平”。后面分析经传文字内容时对此再举例说明。

## 三、《春秋》“三传”

按一般道理，“传”是解释“经”的。《春秋》“三传”之中，《公羊传》《谷梁传》解释《春秋》经十分明显，它们为此咬文嚼字，着重在义理层面阐发《春秋》大义。尽管一些发挥牵强过度，但总体上还是基于经文说事。《左氏传》的情况则有不同，它不是围绕经文发议论，直接解释经文的地方不多，很多情况下是独自在叙述历史事迹，故既有无传之经，也有无经之传，史料的价值要更为突出。同时，由于文辞委婉富丽，又以文学性见长。司马迁作《史记》，记述鲁国“世家”惠公以后的历史，便多采撷《左氏传》而不是《公羊传》和《谷梁传》。

### （一）《公羊传》《谷梁传》的作者和成书

《春秋》“三传”的作者和成书，也存在像其他经典文献那样的不确定性。但与其他经典文献不一样的是，“三传”的书名都直接提到了作者，或者说是以作者的姓氏来命名的。然而，由于历史的复杂性，所提到者未必是真作者，或者未必就是后人所认为的那个人。

《公羊传》和《谷梁传》因都立足于解经，故其叙述的历史都与《春秋》经文保持一致，即都到鲁哀公十四年“西狩获麟”为止。《公羊传》的作者，班固在《汉书·艺文志》中注明《公羊传》的作者为齐人公羊子，《谷梁传》的作者为鲁人谷梁子，唐颜师古补充说，公羊子名高，即公羊高；而谷梁子名喜，即谷梁喜，但均未提供根据。后人于此颇有疑惑：班固当时都未明言，五六百年后的颜师古何以能知晓？因而又有若干推测，甚至有人认为公羊、谷梁本为一人。

《公羊传》和《谷梁传》因都属于今文系统，是一代代口耳相传承接下来的，所以来历不像《左氏传》（下简称《左传》）那样引起争议。但什么时候被写于竹帛之上成为书面文字，则仍然不甚清楚。《公羊传》被认为是在西汉景帝时期，《谷梁传》大致在同时或稍后。

### （二）《左传》的纪年与作者和成书

《左传》是后世影响最大的《春秋》学著作，以至于它成了独立的书名。在今天，从小学时候起，在孩子们的课堂上或课下，便不难发现《左传》故事的选讲选读，这从鲁隐公元年的“郑伯克段于鄢”便开始了。尽管《左传文选》等大都立足于文学的层面，但叙事纪年仍是《左传》的本分。

1.《左传》的叙事纪年

《左传》对后世产生巨大影响，与它记载了大量史实是分不开的。《左传》的叙事纪年，在前面介绍《春秋》经文时已提及，比孔子《春秋》记载的历史要长，但具体长了多少年，不止是前面提到的纪年，而是共有三个时间下限：一是鲁哀公十六年孔子去世，按正统说法，系孔子弟子续经，经与传皆有；二是鲁哀公二十七年（公元前468年），自此之后，“经”没了，“传”还在讲，即是典型的无经之传，直到最后一年都还是逐年记载的正式的传文；三是在鲁哀公二十七年记事的末尾，又附记到鲁悼公四年（公元前464年）。若以第三个时间下限为界，从前至后，《左传》共记载了二百五十九年（公元前722—前464年）的历史，比孔子《春秋》多了十七年，道理又在哪里呢？

鲁哀公二十七年，哀公企图利用外援灭掉实际掌权的孟孙氏、叔孙氏和季孙氏“三桓”，失败后出逃，后虽又回到鲁国，但已无权，死于有山氏家，接续哀公的是悼公。悼公之时，按司马迁的记载，是“三桓胜，鲁如小侯，卑于三桓之家”。如此，鲁国既如小侯，便已名存实亡，作为鲁国史书的《左传》自然也就终结于此。

至于鲁悼公四年的附记，简要勾画了晋军攻打郑国和晋国自身的事变，并讲到晋知伯与赵襄子交恶，被韩、魏与赵合谋所灭之事，而这已是多年后了。《左传》全书以韩、魏、赵三家灭知伯告终，实际意味随着三家分晋，整个春秋时代结束，历史演变为战国群雄的争霸。

2.《左传》的作者和成书

关于《左传》的作者，相传为春秋末期鲁国史官左丘明。司马迁说，因为《春秋》讥刺褒贬时政和王公贵族，不能见之于书而口口相传，左丘明害怕孔子弟子各自为解而失其真，所以根据孔子《春秋》“具论其语，成《左氏春秋》”。刘歆、班固、杜预等延续了司马迁的观点。

不过，《左氏春秋》是否就是流传到今天的《春秋左氏传》，在后来一直存在着争议。不少学者认为，左丘明所著的《左氏春秋》，是如同《虞氏春秋》《吕氏春秋》等一般的著作，与孔子《春秋》并无关系。

左丘明作为《左传》的作者存在疑点，与司马迁本人也有关系，因为他在不同场合下的说法并非始终如一。譬如他讲“左丘失明，厥有《国语》”，而没有说左氏“厥有《左传》”。由此又牵出《左传》与《国语》的关系。并且，进一步影响到对左丘明就是《国语》作者的认可。就《左传》与《国语》二书来说，《左传》是按编年记，《国语》则是按国别记，即一是纵、一是横的关系。正是因为如此，“国语”便可以看成是按国别记的“春秋”，这在汉以前属于通名。

归结起来，否认左丘明著今日之《左传》的学者，或者肯定书成于一人之手，只是作者并非左丘明，而是不知名的他人；或者认为它非一时一人所作，约为战国初中期的一些学者根据各国史料编撰而成，其中可能包括了左丘明所写的部分。这与认为《国语》是经战国初期一些熟悉各国历史的人，依据所掌握的周王室和各诸侯国的史料整理汇编而成，是同一的思路。

关于《左传》成书的年代，蒋伯潜认为在田氏篡齐、三家分晋、韩灭郑之后；杨伯峻具体推测在距鲁哀公末年六十年到八十年（公元前403年—前389年）这一期间。不过，联系到《国语》，也有认为今天的《左传》是汉人取当时诸“国语”的史料改编而成的，即成书延迟到汉初以后了。这实际上将《左传》的成书，与《公羊传》《谷梁传》等放在了同一时段。

### （三）《春秋》“三传”与“四传”

《春秋》“三传”在西汉末以后开始普遍流行，由于统治者的好恶和不同的需求，“三传”各自的地位互有升降，但作为儒家的经典大体上都得到了尊重。唐初《五经正义》的官方定本虽然于“三传”只取《左传》，但在后来的开科取士中，“三传”都被列入在内。士子讲习《春秋》，都离不开这三部经典。

同时，就像其他经典的情形一样，“三传”也需要后人的注解才能容易被阅读。故其流传下来的不是孤立的文本，而是连同汉魏晋学者的注解一同被人们所了解的。因此，东汉何休的《春秋公羊解诂》，西晋杜预的《春秋左氏传集解》，东晋范宁的《春秋谷梁传集解》，都随同“三传”一起成为了经典的组成部分。

但这一情形在宋以后发生了变化。宋代理学兴起，《春秋》学亦大兴，理学家们对待汉以后的《春秋》学成果，就像对待其他的汉学经典一样十分轻视，于是自己动手重新开始训解经典，从而有了作为宋学经典的《春秋》学著作。其主要代表，就是两宋之际胡安国的《春秋传》（《胡氏春秋传》）。

传统儒家经典在唐宋以后的地位，往往与是否为科举考试的必读书目密切关联。《左传》在唐以后的地位上升，就因为它被收入《五经正义》，成为《春秋》经的钦定读本。宋以后，理学成为主流学术和统治思想，到元中期重开科举，遂以程朱为代表的理学家的注疏成为科举考试的标准定本。其中《春秋》经的注疏，历元至明到清初，均以胡安国的《春秋传》为主。作为程颐学术的继承者，胡安国的《春秋传》既是经学也是理学著作，在成为科举考试的必读教科书后，影响很大，其地位反在原有的“三传”之上。《胡氏春秋传》再加上“三传”，即明清时期通称的《春秋》“四传”。时人议论《春秋》，不能离开《胡氏春秋传》且多围绕后者的得失发议论。

## 四、《春秋》经传的义理

不论是《春秋》“三传”还是“四传”，其解经都有不少差别，有的重在字义，有的重在史实，而最具特色的是义理发挥。其中，由于各传所载经文文字的不同，其记叙的史实与发挥的义理相应有了明显的区别。

### （一）经文文字及义理的差别

对于《春秋》经文文字，“三传”的记载多有差别。这些差别有的可以忽略不计，但有的却被引申解释出完全不同的义理蕴含，并在后来产生了非常大的影响。

1. “隐公三年”之“尹氏”与“君氏”：

“隐公三年”经文，《公羊传》《谷梁传》均载为“夏四月辛卯，尹氏卒”，其注解有细微的不同。如下：

夏四月辛卯，尹氏卒。尹氏者何？天子之大夫也。其称尹氏何？贬。曷为贬？讥世卿，世卿，非礼也。外大夫不卒，此何以卒？天王崩，诸侯之主也。（《公羊传》）

夏四月辛卯，尹氏卒。尹氏者何也？天子之大夫也。外大夫不卒，此何以卒之也？于天子之崩为鲁主，故隐而卒之。（《谷梁传》）

《公羊传》和《谷梁传》说明：夏四月辛卯这一天，周天子的卿大夫尹氏死亡。为何称他为“尹氏”而不书名？因为尹氏世代为卿执政，不合于礼，所以要讥讽贬斥他。同时，《春秋》是鲁国史书，对于鲁国之外的大夫死亡，本来不用“卒”来表示，但因为上一月尹氏在任上（为诸侯之主）主持周平王的葬礼，诏告鲁人前去吊唁，故因哀痛尹氏又亡而书写“卒”。二传之间，《谷梁传》是客观正面的叙述，体现了尊重和哀痛；《公羊传》则对尹氏有批评，意味孔子不满尹氏世代为王室之卿而独揽大权。但总体上二传还是大同小异。

然而，《左传》的叙述却完全不同。“隐公三年”经文，《左传》的记载是：“夏四月辛卯，君氏卒。”与《公羊传》《谷梁传》记载有一字之差，并因此带来一套与以上两者迥异的说辞：

夏，君氏卒。声子也。不赴于诸侯，不反哭于寝，不祔于姑，故不曰薨。不称夫人，故不言葬，不书姓。为公故，曰君氏。

声子是鲁隐公之母，但非其父的正夫人，所以在她死后治丧，不讣告同盟诸侯，葬后不返回于死者殡宫举行祭礼，不将死者的牌位附在祖庙祖父母之后。这三种礼都不具备，声子也就只能称为“卒”而不是“薨”；既然不称为“夫人”，也就不能说“葬”；而且也不能书写她的姓（声子姓“子”）。如是正夫人，则应书写“夫人子氏薨，葬我小君子氏”。然而，因为声子毕竟是国君的生母，为了隐公心安，故折中称为“君氏”。

那么，经文作“尹氏”还是“君氏”，本可能只是文字传写的差误，却演变为两种完全不同的解释，后人也就不得不有猜想。今文学家便认为这是刘歆考校经籍时为了替王莽张目，而篡改“尹氏”为“君氏”，以回避孔子“讥世卿”之说。因为王莽正是执政的世卿。当然，这本身也是没有根据的说法。

2. “隐公六年”之“输平”与“渝平”：

“隐公六年”经文，《公羊传》《谷梁传》均载为“六年春，郑人来输平”，但其注解详略有异：

输平者何？输平犹堕成也。何言乎堕成？败其成也，曰吾成败矣，吾与郑人未

有成也。吾与郑人则曷为末有成？狐壤之战，隐公获焉。然则何以不言战？讳获也。(《公羊传》)

输者，堕也。平之为言，以道成也。来输平者，不果成也。(《谷梁传》)

《公羊传》《谷梁传》二传均以“堕”解“输”，“平”则意味“成”也就是讲和之意。但其间存在程度上的差别。参考何休与徐彦的注疏，大意是说，隐公四年，鲁公子翚曾率师会同宋国等攻打郑国；此战后，公子翚私自与郑人讲和，但因未得隐公授权讲和之命，鲁郑之和不被记录，故吾（鲁）之成“败矣”或“末有成”也。但在史实中，这里实际将隐公四年的攻郑之战与发生在《春秋》成书以前的狐壤之战混淆了。故以为“输平”之说不言战，是为了避讳隐公曾被俘获之事。

在语词的层面，《公羊传》《谷梁传》将“堕”均释义为一般的毁坏，其曰“败”、“末有”或“不果”都可由此去理解。不过，范宁注《谷梁传》的语气要较《公羊传》重，按他所说，早先鲁与郑是和好的，但隐公四年鲁既会合宋国等伐郑，原来和好的基础已不存在，故派使者前来毁绝旧好，即“不果成”也。但范宁此解，虽然注意到了《春秋》前鲁、郑之间的旧好，但其“绝鲁，坏前平”的理由，仍只言及隐公四年之战及其后果，忽略了早先狐壤之战后鲁与郑已经交恶之事。

然而，《左传》的记载和解释却极为简短。经文是“六年春，郑人来渝平”，而注解仅仅只有“更成也”三字。全句为：

六年春，郑人来渝平，更成也。

《左传》尽管只有三字，但重点在经文是“渝平”而非“输平”。“渝”是“变”的本义，但传文的“更成也”却不好理解。参考杜预的注解，是说鲁隐公早年为公子时，曾领兵与郑人战于狐壤，战败了被郑人俘获，通过贿赂对方执政尹氏后方得以逃归，由此与郑结怨。后来，郑国攻打宋国，本与宋结盟的鲁国打算救宋，却因前来求救的宋国使者对隐公无礼而中止。郑国由此发觉鲁、宋两国产生裂隙并以为可以利用，于是派使者到鲁讲和以修好。那么，解释“渝平”的“更成”，参照孔颖达疏，便是谓鲁自狐壤之战以来与郑不和，今日复和，故曰“更成”，意味更复狐壤之战以前之好。

显然，《左传》以史实见长的特点在这里并未表现出来，只能是依靠后人的补充才能有完整的意涵。

### （二）《春秋》大义的推衍

孟子起初感言孔子“窃取”的《春秋》“大义”，本来是指扬善惩恶的价值指向。但在后人的注解中，“大义”已向多方面推衍，在经学史乃至整个社会思想层面都产生了非常大的影响。其中最具特色的，便是《公羊传》提出的“大一统”和“三世”说。

1. 大一统

“大一统”作为对秦汉以后实行中央集权制的中华国家的一种特色定位，时常被人们提起。通常人们把它的渊源追溯到《春秋》，故又称“《春秋》大一统”。但实际上，《春秋》经文并没有这样的说法，它是在《公羊传》中首先出现的。

《春秋·隐公元年》经文的首句，是“元年春，王正月”。《公羊传》解释说：“何言乎王正月？大一统也。”但是，提出“大一统”的《公羊传》只是一句带过，并没有对此详加说明。战国末期，李斯游说秦王嬴政，提出了“灭诸侯，成帝业，为天下一统”（《史记·李斯列传》）的兼并天下国策；而他的同学韩非则提出了“事在四方，要在中央，圣人执要，四方来效”（《韩非子·扬权》）的中央集权式的国家架构，从指导思想上昭示了垂二千年的“天下一统”帝业。但是，不论是李斯还是韩非，他们的思想都未与《春秋》存在关联。

西汉初，公羊学家董仲舒明确从《春秋》学的立场出发倡导“大一统”，以为他“推明孔氏，抑黜百家”的主张服务，强调：“《春秋》大一统者，天地之常经，古今之通谊也。”“大”是尊崇、推重的意思，意味《春秋》所以尊崇天下“一统”，就在于不论是自然天地，还是人世古今，都以“一统”为其准绳。所以，不应允许“师异道，人异论，百家殊方”的情形存在，即不仅在政治上，也要在思想上实现天下的统一。

不过，董仲舒同样没有对“大一统”的字义做出解释，直到东汉何休注解《公羊传》才有了新的发明。联系到前面的“王正月”，何休说“大一统”就是讲新王即位，受命改制，颁行政教于天下，山川草木、万物人事都是从此（正月）开始。所以，“统”就是总体“开始”的意思。但何休的重心在“始”，董仲舒的重心却在“统”，后来“统”义占了上风，故唐颜师古疏解董仲舒的“大一统”，便称之为：“一统者，万物之统皆归于一也。……此言诸侯皆系统天子，不得自专也。”今人也是按此义来理解中华国家的“大一统”的。

2. 三世说

《春秋·隐公元年》经文的末句，是“公子益师卒”。《公羊传》注解说：“何以不日？远也。所见异辞，所闻异辞，所传闻异辞。”这是说公子益师作为大夫，其亡本应书写亡于某日，但现在没有，是因为时距孔子太远、孔子没有见闻过的缘故。遂又补充了“所见异辞，所闻异辞，所传闻异辞”的说辞。

《公羊传》本身并未说明“所见异辞，所闻异辞，所传闻异辞”是何意，董仲舒在《春秋繁露》中首先进行了解释。他说，《春秋》十二世（公）分为有见、有闻、有传闻

“三等”：有见世是孔子所见的鲁哀公、定公、昭公时期，共六十一年；有闻世指孔子所听说的鲁襄公、成公、文公、宣公时期，共八十五年；有传闻世指孔子由传闻得知的鲁僖公、闵公、庄公、桓公、隐公时期，共九十六年，合计便是《春秋》的二百四十二年。孔子对于这三世的感情有不同：于所见世，恩最重，故昭公时用“又雩”代指放逐季氏，即“微其辞”而不直接挑明；于所闻世，恩减一等，故文公时子赤被弑，不书日以“痛其祸”，哀痛被弑而不忍；于所传闻世，恩则再减一等，故庄公时子般被弑，“杀其恩”，直接写明被弑之日。

何休注《公羊传》时，将董仲舒的“三世”明确为孔子所见世、所闻世和所传闻世，并继续细化，认为所见世是孔子本人和父亲所在之世，所闻世是祖父所生活之世，所传闻世则上推到高祖曾祖之世。如此三世，是基于爱亲的立场，按孔子所定的为父、祖居丧的礼节而来，即为父母居丧，丧期三年；为祖父母居丧，丧期一年；为曾祖以上居丧，丧期三月。由亲及疏，依次递减。于是，就形成了孔子自鲁哀公上推到隐公的十二公、二百四十二年的《春秋》一书，这也是符合天道运行的规制的。

何休论“三世”不只是在董仲舒的基础上细化，更重要的是他将本来记述鲁国历史的狭义三世，推演成了走向天下一统和社会进化意义的广义的三世。按他所说，孔子于所传闻之世，见治起于衰乱之中，用心尚粗觕，故“内其国而外诸夏”；于所闻之世，见治升平，“内诸夏而外夷狄”；至所见之世，著治大平，夷狄进至于爵。天下远近，小大若一。如此的“三世”，是按照所谓“先详内而后治外”的“著治法式”推进的。从所传闻世、所闻世到所见世，社会的状况是由衰乱向升平再向太平的由乱到治的变易发展；相应的民族国家状况则是自鲁国开始，先吸纳华夏各国，再将夷狄融入其内，最后是整个天下的一统。如此假托孔子之说，寄托着古人“天下太平”的最高理想，真可谓“用心尤深而详”。历史进入近代以后，公羊三世说与西方传入的进化论相结合，对中国社会产生了非常大的影响。

何休的公羊学，“多非常异义可怪之论”。“三世说”在他，又属于所谓孔子著《春秋》之“微言”的“三科九旨”。其中每一科有三旨，三科共有九旨，即：

一科三旨为“新周，故宋，以《春秋》当新王”。这与前面司马迁对孔子作《春秋》基本立场的概括“据鲁，亲周，故殷”有些类似，不同点在司马迁是维护周、鲁存在的既定现实，何休则变更为“黜周王鲁”，以鲁隐公受命而承殷、周为新王。

二科六旨和三科九旨，则是将上面的“三世说”再二分：“所见异辞，所闻异辞，所传闻异辞”本身属于二科六旨；“内其国而外诸夏，内诸夏而外夷狄”则划归三科九旨。何休“公羊学”内容丰富，不同人士诠释时又有诸多发挥，但这些均与作为经典的《公羊传》本身没有什么关系了。

## 思考题

1. 如何认识孔子与《春秋》的关系？
2. 《春秋》经文与“三传”是什么关系？
3. 怎样理解《春秋》经传的“微言大义”？

# 第二章 四书

与“五经”指五部经典的说法相似，“四书”指四种书，即《大学》《中庸》《论语》《孟子》。“四书”与“五经”合体，今天流行的说法是“四书五经”，但从历史的角度看，应当说是“五经四书”。因为在“五经”存在上千年后，才有了“四书”的出现。

与“五经”一体作为原始儒家的经典不同，“四书”主要由两部分构成：一部分是原属于《礼记》的《大学》与《中庸》，此二篇本为“五经”的组成内容，后从中析出而独立成书。另一部分是原属于诸子学著作的《论语》和《孟子》，汉以后地位逐步上升并分别进入经典的行列。

这四部（篇）书起先并没有直接联系，相互间是分立的，其地位除《论语》在汉以后受到推崇外，其余三部（篇）并没有显现出相对于其他书的特别的价值。唐中期以后，《大学》《中庸》开始为儒者所看重。但整体上地位的上升是在北宋以后。

历史进入宋代，“五经”的研究仍在继续并成果颇丰，尤其是围绕《周易》研究出现了一大批易学著作；但随着儒家经学的变革和批判佛老的理论需要，儒家关注的重心越来越向这四部（篇）书转移。到南宋，朱熹将它们集合在一起著就《四书章句集注》，第一次使整合《大学》《中庸》《论语》《孟子》而构成的“四书”成了专门名词。正是因为如此，“四书”的概念便与朱熹的《四书章句集注》分不开。后人谈“四书”，是结合朱熹的著作去谈；读“四书”，也是从《四书章句集注》入手去读。所以，对朱熹诠释的“四书”也需要做专门介绍。

南宋以后，随着朱熹无人可比的理学地位的确立和程朱理学的官学化，经朱熹“章句集注”诠释后形成的“四书”，不但成为了新的经典文献而与“五经”并列，而且重要性往往胜过了“五经”。当然，这也是与理学家们自觉地拔高“四书”、贬低“五经”（六经）的作为是分不开的。程颐讲：“‘六经’浩渺，乍来难尽晓。”（《河南程氏遗书》卷二十二上）朱熹则道：“《易》非学者之急务也。……《易》与《诗》中所得，似鸡肋焉。”（《朱子语类》卷一百零四）又说：“《语》、《孟》工夫少，得效多；《六经》工夫多，得效少”（《朱子语类》卷十九），等等。在理学家，一方面，《语》《孟》可能更切合于时代需要并有助于解决理学家所面对的资源问题，故而“得效多”；另一方面，也在客观上说明，《五经》内容的庞杂使得“工夫多”成为一个实际的困难。伴随理学创生所体现的对时代核心话语更深入的探究，使原有的五经文本不足以承担起为新学术提供全部资源的重任，更切合社会和学术需要、也更易把握的《论语》《孟子》《大学》《中庸》进入经典的序列，就在情理之中。

与此相应，作为传统经典的《礼记》文献本身也发生了变化：其中原有的《大学》《中庸》两篇已从《礼记》中移出而只保留篇目，例如，作为元明以至清初期科举考试教科书的陈澔的《礼记集说》便是如此，并明确标示这两篇的内容见“朱子章句”。在此大背景下，“四书”的地位逐渐超越“五经”，最终形成通行于元明清时期并延续至今的先四书后五经的“四书五经”的历史定位。而朱熹的《四书章句集注》自身，既是经学著作，更是理学著作，集中体现了朱熹的经学思想和理学理论的创造。

不过，在看待“四书”与“五经”的关系时需要注意，双方不仅在关涉《礼记》时有交叉，而且在整个内容上，“五经”的文字频繁出现于“四书”之中。譬如理学道统论建构的核心文献《中庸》，其最后总结的一章（第三十三章），从头至尾都是引用《诗经》的语句进行理论概括的。可以说，即便在“四书”风行的时代，“五经”仍具有基础性的地位，没有“五经”，也就没有“四书”。

## 第一节　论语

《论语》作为记述孔子本人与孔子弟子言论行动的一部著作，是后人了解和研究孔子思想的主要资料。《论语》由诸子书上升为经典，一是与汉武帝时期“罢黜百家，独尊儒术”的学术和社会氛围有关；二是与世人对孔子的景仰密切关联。在后者，司马迁记述说：“孔子布衣，传十余世，学者宗之。自天子王侯，中国言‘六艺’者折中于夫子，可谓至圣矣!”(《史记·孔子世家》)既然六经都以“至圣”孔子的言说为定准，孔子的语录直接体现了孔子自己的思想，《论语》的地位自然升高。

## 一、“论语”二字的含义

“论语”二字的含义，班固在《汉书·艺文志》中解释说:“《论语》者，孔子应答弟子、时人及弟子相与言而接闻于夫子之语也。当时弟子各有所记，夫子既卒，门人相与辑而论纂，故谓之《论语》。”按此说，“论”指论纂;“语”即语录;《论语》即是在孔子去世之后，由孔子学生所编纂成的一部书。所编入的内容，一是孔子本人应答弟子、时人的语录，二是弟子相互间围绕孔子言行进行的交谈。由于孔子学生对所闻知的这些言谈各有所记，零散且不统一，故在孔子去世后，他们彼此交流汇总，并进行整理和编纂，最后形成为《论语》一书。

班固告知了我们《论语》成书的大致情况，后人一般也是这样来认识的。但这一告知过于笼统，还需进一步辨析:

一是《论语》中有不少应答特色并不明显的孔子一般性谈话或认识，将其一并归入孔子对弟子、时人的应答范围，略显勉强。比如《论语》开篇第一条:“子曰:‘学而时习之，不亦说乎?有朋自远方来，不亦乐乎?人不知而不愠，不亦君子乎?’”就不一定是应答文字，也有可能是孔子概言自己的心得。

二是《论语》中有大量记载既非应答类，亦非“弟子相与言而接闻于夫子之语”。它们是《论语》的重要组成部分。例如:

孔子本人直接抒发的感慨:“子曰:‘朝闻道，夕死可矣。’”(《论语·里仁》)

弟子记录的孔子的言行:“入太庙，每事问。”(《论语·乡党》)

既记录言行又有孔子的感慨:“子在齐闻《韶》，三月不知肉味，曰:‘不图为乐之至于斯也。’”(《论语·述而》)

与孔子并不关联的尧舜禹相传的史实:“尧曰:‘咨!尔舜!天之历数在尔躬，允执其中。四海困穷，天禄永终。’舜亦以命禹。”(《论语·尧曰》)

等等。

可能考虑到这些情况，南朝梁时，皇侃疏解《论语》，便将“论语”之义修正为:“语者，论难答述之谓也。……此书既是论难答述之事，亦以‘论’为其名，故名为《论语》也。”(《论语义疏叙》)“语”的意思是“论难答述”，这可以通向班固的“应答”“接闻”之说;此书既然记载孔门的“论难答述之事”，也是以“论”为名，结合起来就叫“论语”了。与班固不同的是，经过皇侃的修正，“论”的重点不在“论纂”而在“论答”了。

皇侃的新解，将“论语”变成“论答”此“语”此“事”，实际上并没有将“论语”之义诠释得更为确切和明白。北宋初，邢昺再释其义，他引入东汉经学家郑玄的观点以补充班固之说，解释称：“以此书所载皆仲尼应答弟子及时人之辞，故曰‘语’。而在‘论’下者，必经论撰，然后载之，以示非妄谬也。”邢昺的解说，前半句释“语”完全承接班固之意，后半句则添加了新意：之所以叫“论语”，而不是“语论”，是因为“语”必须经过诸弟子集合论定（“撰”在郑玄是“群贤集定”的意思）后才记载下来，以表明它的真实可信。

今天，人们都认为《论语》是记载孔子言行的真实可靠的经典史料，与邢昺之解不无关系。邢昺仍以“应答”之义解“语”，并强调皆是如此，显然不符合事实，但以“论撰”去解“论语”，后来则一直流行。我们暂且搁置这一问题，继续往下追问：《论语》之“语”又是经过哪些弟子集合论定方才记载下来，或者说，《论语》是成于哪些弟子之手呢？

《论语》成于哪些弟子之手即《论语》的作者，历史上有不同的说法：主要有孔子亲传弟子和再传弟子两说。亲传弟子：郑玄认为是由仲弓、子游、子夏等撰定，今人杨伯峻推论有琴牢、原宪二人；再传弟子：唐代柳宗元考辨是由曾参弟子所编定，柳宗元的考辨后来得到了较多的认可。到了宋代，程颐同意柳说，但又补进了有若门人，朱熹也认同柳说。今人如杨伯峻大致也持这一观点，但又补充进闵损、子张或子夏等人。但不论《论语》由谁编定，它不成于一人之手，也不成于某一确定时候，而应当是成于多人之手，前后时间相差数十年之多。总体上，杨伯峻说《论语》的编纂开始于春秋末期，成书于战国初期，应该是比较可信的。

## 二、《论语》的版本及篇章

《论语》的版本，与其传授的途径相关。《论语》在先秦时虽已编成，但如何流传却并无历史记载。一般儒家典籍的传授，大都难过秦代“焚书”一关。但《论语》因其并不成“书”，而是“口相传授，故经焚书而独存也”（邢昺语）。但正因为如此，也就谈不上《论语》的版本和篇章。

自汉肇兴，情况明显改变。起初，传授《论语》者主要有三家：一是鲁人所传的《鲁论语》，一共二十篇，与今天所传版本相同；二是齐人所传的《齐论语》，与《鲁论语》相比，多出了《问王》《知道》二篇，共二十二篇，其余二十篇中，章句要多于《鲁论语》；三是《古论语》，原藏于孔子旧宅夹壁中，汉景帝时期，在鲁共（恭）王刘余为扩建自己的宫室而拆毁孔子的旧宅时被发现，因用先秦古篆文书写，故被称为《古论语》，这与前面《古文尚书》出世的情况相同。《古论语》有二十一篇，其中《子张》有两篇，编次与《齐论语》《鲁论语》也有不同。

《齐论语》与《鲁论语》其时都在齐鲁故地以口头讲授的方式流传；《古论语》虽有孔子后裔孔安国为之作《传》，但受政治环境的影响而没有在世上传授。西汉后期，汉成帝的师傅、安昌侯张禹，兼学《鲁论语》与《齐论语》又善于章句，他以《鲁论语》为基础又吸收《齐论语》，“择善而从”，将二者合编为一。这个新的《论语》版本，因张禹为安昌侯的缘故而被称为《张侯论》。张禹以此《论语》教授成帝，高层欣赏，儒生尊奉，他所编定的版本后顺利列于学官，得到普遍流行。

到东汉郑玄时，以《鲁论语》为基础的《张侯论》已经历了包咸、周氏等经学家的篇章安排；郑玄从此版本出发，将对《齐论语》《古论语》的考辨成果吸收进来，再进行注解。郑玄作为其时最为著名的经学大家、汉代经学的集大成者，弟子多至千人，他所整理和注解的《论语》广为流传，成为延续至今的经典《论语》版本和篇章。

那么，历史上虽然有《鲁论语》、《齐论语》和《古论语》，但流传到现在的却只有《鲁论语》的系统，因为它经由《张侯论》和《郑玄注》而被保存了下来；相应地，《齐论语》和《古论语》因日渐不被重视而最终失传。

但近年以来，不断有一些新的出土文献面世，《论语》的身影也出现于其中。早已不为人知的《齐论语》或《古论语》踪迹被发现。最典型的：一是1973年河北定州40号汉墓出土的残损的竹简本《论语》。此《论语》因与今通行本《论语》存在部分编排和文字差异，进而产生其属于《鲁论语》、《齐论语》或《古论语》的不同见解，亦有认为它不属于已知的这三种《论语》系统而为汉时流行的另一种《论语》的观点。二是2016年，江西南昌西汉海昏侯刘贺墓出土的竹简中发现有《论语》的《知道》篇，后认为该出土《论语》为久已失传的《齐论语》。现全文正在被释读，欲知晓其详情还须待以时日。

## 三、《论语》的注疏

《论语》的注疏，在比较规范的意义上，自汉至今有数百种之多，举不胜举。但是，在历史上真正产生影响的注疏，则只有为数不多的几种。

### （一）何晏—皇侃—邢昺的经学系统

通行本《论语》自郑玄以后开始流传，但郑玄的《论语注》在历史上的影响相对不大。《论语》史上最具特色的《论语》注本，首推三国魏何晏等人所撰的《论语集解》。

《论语集解》是迄今完整保存下来的最早的也颇具权威的《论语》注疏。该书并非成于何晏一人之手，而是多人合作的产物。“集解”一词，意味“集”各家之《论语》“解”而成，并不限于何晏及其他合作者本人的注解。但是，作为主持者的何晏自己的编撰指导思想却贯穿始终。他固然是“集诸家之善”，但更重要的，是他之“颇为改易”和“自下己意”，其他各家实际都服从他之一家。

例如，《论语·述而》记载孔子言自己一生立身行事，提出了“志于道，据于德，依于仁，游于艺”的四原则。这四原则在如今祖国大地的不少厅堂上，不难发现它们的踪影，但它们是何意呢？何晏解释说，因为“道”无形体，人不能够直接把握，只能是立志仰慕；“德”已成形为具体规范，像拐杖一样，人可以据此而行；“仁”意味有功德施惠于人，人则感恩呼应而能够依凭；“艺”指礼、乐、射、御、书、数六艺，它们虽不是人的依托，却是人需要从游于其中的实际生活本领。显然，何晏的“己意”已超越了对章句本身的训解，体现了作为魏晋玄学开创者的鲜明义理特色和学术创见，其中又尤以“道德”为导向。所以，尽管《论语集解》是集众家而成，后来人却多半都以此为“何晏集解”。

何晏的《论语集解》由于体现了魏晋学术转向的新气象和《论语》注疏的时代水平，很快流行开来。当然，何晏吸收了郑玄的成果，郑玄的《论语注》自身至唐初亦颇盛行。不过，郑学循守的汉学传统不能反映新的学术要求。南朝梁时，皇侃作《论语义疏》，便是以何晏《集解》为底本。

皇侃在何晏《集解》的基础上，吸纳魏晋以来儒、道、玄、佛各家解释《论语》的成果并加上自己见解，撰成《论语义疏》一书，颇有新意。例如，《论语》记载“子不语怪、力、乱、神”（《论语·述而》），又有子路问“事鬼神”和问“死”，孔子回答“未能事人，焉能事鬼”和“未知生，焉知死”（《论语·先进》）之事。皇侃疏解的重心已不在孔子答问的含义，而在于指明儒家相对于佛、道的不足。子路想知道在“幽冥”之中的鬼神是怎么一回事，即问过去世的事情，而孔子的回答证明儒家只讲现在一世，佛教才有过去、现在和未来三世之说。这实际意味儒学所涉及的不过是三分之一的世界，佛教学术处理的才是整个的宇宙，儒小而佛大。又引道教观点，说人与鬼神“虽幽显路殊，而诚恒一”，表明道教希望将幽显、人神之世统一起来，“诚”应当是人神皆通的。这都表明佛、道超越了儒家只关注现世的立场。

五百年后，邢昺撰《论语注疏》，在义理上有新发挥，比如前面对“论语”二字的解释；同时，又删除了一些皇侃的“玄虚之说”。但整体上邢昺以继承从何晏到皇侃的注疏为主。邢昺的《论语注疏》成于北宋初期，一时颇有影响。《四库全书总目提要》说，自邢昺书出后，皇侃的著作就逐渐被人遗忘了。南宋以后，皇侃《论语义疏》在中国本土失传，至清才从日本回流。后人评价邢昺的《论语注疏》，常将其与皇侃的《论语义疏》进行比较，总体上是有褒有贬，以为各有短长。清代中叶，阮元将邢昺的《论语注疏》收入《十三经注疏》，使其成为《论语》注疏的经学代表作。

但从宋以后《论语》史的实情看，在中国社会影响最大的《论语》注疏的版本，既不是皇侃的《论语义疏》，也不是邢昺的《论语注疏》，而是朱熹的《论语集注》，后者至今仍发挥着广泛的影响，因为它所展示的思想学说，代表着一个时代学术的高峰。

### （二）朱熹的《论语集注》

朱熹的《论语集注》是南宋以后最重要的《论语》注本。《论语集注》的撰著，是一个逐步成型的过程。南宋隆兴元年（公元 1163 年），朱熹选取程颢、程颐及其门人、朋友数家之说编成《论语要义》，随后为了便于童子学习，又编写了《论语训蒙口义》一书。到乾道八年（公元 1172 年），又择取北宋诸儒之说，撰成《论语精义》。《论语集注》是在《论语精义》基础上编成的。与《精义》重在叙述前人对《论语》的理解不同，《集注》既征引各家的注释，也提出自己的观点，体现出朱熹经学和理学思想的创造性。《论语集注》和《孟子集注》一起完成于南宋淳熙四年（公元 1177 年）；十二年后，《大学章句》和《中庸章句》书成。南宋绍熙元年（公元 1190 年），包括《论语集注》在内的《四书章句集注》首刊于福建漳州。

《论语集注》的特点，首先表现在开篇不是论述其书，而是说孔子其人其事，即援引司马迁《史记·孔子世家》的记载讲孔子的生平事迹。朱熹并未全文照搬，而是采取择其要并稍加注释的方法，以辅助说明孔子的一生。随后，引何晏和程子的观点，以解释《论语》的成书和篇目。

朱熹以“集注”为书名，标示出是集各家之注，吸收了前人研究《论语》的成果，其特色是在章句训诂的基础上阐发义理。朱熹所“集”的各家注，主要集中在北宋以后尤其是二程及其弟子后学的见解，但对之前的汉唐注疏如何晏的《论语集解》，也有个别引用，表明他作为一名学者的严肃认真的精神。例如，“卫灵公问陈于孔子”一章的结尾句是：“子曰：‘君子固穷，小人穷斯滥矣。’”朱熹《论语集注》说：

> 何氏曰：“滥，溢也。言君子固有穷时，不若小人穷则放溢为非。”程子曰：“固穷者，固守其穷。”亦通。愚谓圣人当行而行，无所顾虑，处困而亨，无所怨悔，于此可见。学者宜深味之。（《卫灵公第十五》）

朱熹首先引何晏注，说明“滥”是水满而涌出的意思，君子固然也有穷困的时候，但即便此时也（会保持自己的操守，而）不会像小人那样，一遇穷困就像水满涌出一样放荡为非了。接着讲，程子解“固穷”是（君子）能长期忍受（坚守）穷困，也可以通。显然，朱熹尽管推崇程子，但涉及具体注疏，也能够实事求是地考虑，在这里即以何晏注解为优先。最后是朱熹融合二人又有自己的新见：圣人（君子）当行即行，并不顾虑行为的后果，即使处于困时亦心怀坦荡，畅然无悔。学者于此应深深体味圣人的境界。由此，可以领会到从何晏经程子到朱熹的理解和发挥的步步深入，典型地体现了他融通汉宋的新经学的诠释特点。

当然，朱熹《论语集注》更重要的特点，是自己理学思想的阐发。譬如“君子务本，本立而道生。孝弟也者，其为仁之本与”（《论语·学而》）一条，在注重孝道的传统社会影响很大。对于其含义，从何晏到邢昺的传统经学认为，“本”是基本、根本的意思，“道”是仁道，君子先能够修行孝悌，爱亲敬长，根本既确立，仁道便随之产生并致大成。那么，有若这段话的重心，就在于认定孝悌“是”仁的根本，其在注疏上的特点，是将“为仁”的“为”解读为“是”。

朱熹集前人注疏又自解为：“本，犹根也”，“君子务本”就是要用力确立起“仁”这个根本，根本既立，爱亲敬长的孝悌之爱自然就会产生；“为仁”的“为”是“行”的意思，“为仁”就是“行仁”。那么，整个话语也因之有了重大改变：孝悌不是仁的根本；而是相反，仁是孝悌的根本。“孝弟也者，其为仁之本与”的正确解读就是：孝悌是践行仁道的根本（开始），仁爱就是从爱父母推广到亲民爱物。

在这字义的诠释中，朱熹还强调仁是人的本性，孝悌只是这一本性生发的作用之一，即“仁之一事”，并不能涵摄仁的全部内容。朱熹对仁与孝悌关系的定位，回答了孝悌之爱何以产生的内在根据，表明理学家的经典注疏，最终是为他们理学理论的创建服务的。

## 四、《论语》的辞义与解读

如同其他儒家经典一样，《论语》也存在辞义和解读的多样性。这里需要注意的，一是哪一种辞义和解读最符合古人的原意，二是注释者自己思想的发挥。遵循的原则就是解读总体上不能离开基本的经学依据，不能任意为之。在这一前提下，我们审视自汉以来的《论语》解读会发现由于辞义、断句标点以及文献版本等原因，经典语句往往可以有多义性的解读。下面略举一些条目为例。

### （一）辞义的“正解”

辞义的“正解”，这里指历史上居于主流地位的正统见解，包括汉学和宋学的注疏，以此区别于非主流的“别解”。

由于“仁”乃孔子思想的核心，孔子的学说可以概言之曰“仁学”。“仁”这个词固然不出于孔子，但经过孔子的提炼和归纳，最典型地展示了孔子“爱人”思想的特色，并形成为以“仁”为核心的仁学理论体系。此后，“仁”不但成为儒学的核心概念，也渗透到诸子思想和佛道文化之中，赋予传统中国的伦理规范、法制建设、社会稳定以精神指向，体现了古代先贤应对世事的理智能力，是中国传统文化中最有代表性的思想范畴。

孔子对“仁”有多种解说，但最具特色且在后来引起最多争议的，则是以下一段话：

> 颜渊问仁。子曰：“克己复礼为仁。一日克己复礼，天下归仁焉。为仁由己，而由人乎哉？……”（《颜渊第十二》）

本段解读的关键，在“克己复礼为仁”一语。它是孔子对什么是“仁”的一个重要界定。但如何理解这一句，自古以来却聚讼不已，经学家们围绕这几个字的内涵以及仁与礼的关系进行了长期的争论，以至于字字都有不同的解释。

按从何晏到邢昺的占主导地位的经学注疏，“克己”是约束自身，“复”就是返（复）归，“礼”则指以周礼为代表的制度规范。从而，“克己复礼为仁”之义就是：能够约束自身，复归到礼的制度规范中，就叫作仁了。

再联系后面部分，“一日克己复礼，天下归仁焉”是说，（人君）若能一日做到克己复礼，则天下（人）皆归顺（心服）此仁德之君了。这里，孔子只说“一日”，那其他日呢？经学家的解释认为这是不言而喻的：一日做到（克己复礼），天下都会归顺，何况能终生做到呢？

至于“为仁由己，而由人乎哉”，则是将“为仁”置换为“行善”，认为行善不行善，完全取决于自己，而不可能等待他人去实现。

但在邢昺，对何晏、皇侃注疏有一个重要的补充，就是引隋朝经学家刘炫之语，将“克己”的己或身，进一步细化为己身的嗜欲，而“克己”就是以礼义战胜嗜欲，从而返归于礼。

到朱熹，他首先对传统经学并不解释而以为当然的“仁”和“礼”都进行了定义，认为“仁”就是心中所具的德性全体（整体），“礼”则是天理的具体条文，而“心之全德，莫非天理”，所以仁与礼是完全一致的；其次又承接刘炫，以“克”为胜，以“己”为私欲、人欲，并从天理人欲互反的立场出发进行解读。全段疏解便是：

> 故为仁者必有以胜私欲而复于礼，则事皆天理，而本心之德复全于我矣。归，犹与也。又言一日克己复礼，则天下之人皆与其仁，极言其效之甚速而至大也。又言为仁由己而非他人所能预，又见其机之在我而无难也。日日克之，不以为难，则

私欲净尽，天理流行，而仁不可胜用矣。（《论语集注·颜渊第十二》）

在存理灭欲的氛围下，尽胜私欲即全复天理，克己与复礼成为一个问题的两面，克己就是复礼，也就是仁。君子一日为仁，天下人皆会亲附相随而从于仁。仁德的引导示范作用如此迅速和宏大，当然还只是一种理想，朱熹也承认这是“极言”而非平常的情况。这说明古人对道德境界的效用还是有清醒认识的，并不是盲目尊大。

继续推进，“为仁由己”不只是说非他人所能干预，也表示为仁的根由既在我自身，践行它就并不困难。如果能日日坚持下去，当克己复礼成为人的自然行为而非强求时，天理流行的最高价值便得以实现，事事处处便无不彰显仁的效用了。

朱熹以天理人欲对立互反的框架解释“克己复礼为仁”及其后续，无疑已经离开了经文，孔子自然不会有这样的观念。但是，另一方面，考虑到令孔子痛心疾首的“礼坏乐崩”的局面往往是由统治者欲望的过当而起，讲“克己”主要在约束、战胜其欲望而恢复既定的礼制（周礼）秩序，又可以通向孔子。同时，统治者过分贪求私欲，侵害的是公众的利益，根本上背离了“仁”者爱人的要求。在孔子心中，仁爱的实施需要礼制的贯彻和保障，仁与礼之间是一种相互发明的关系。统治者一旦能克制私欲而回复到周礼，就会产生“为政以德，譬如北辰，居其所而众星共之”（《论语·为政》）的磁石效应，天下人仰慕统治者的德政而心向其仁，所以说是“天下归仁焉”。在此层面，朱熹又并未违背孔子思想的主旨。

朱熹的注解由于得到了官方支持，从而长期居于主导地位，但入清以后，主张天理人欲统一的思想逐渐成为主流并影响到相应的经学注疏，故学者多不认同朱熹以“己”为私欲之说，认为“克己”不过是自我省察、修身责己之意，而与克制战胜私欲无关。这实际为人的生存欲望的合理性和正当性预留了地盘。

### （二）辞义的别解

辞义的别解，这里指不占正统地位但又确有相当道理的《论语》诠释。它们本来也是古人思考的成果，而且在一定程度上，可能更接近孔子言说的实情。在诠释上，“别解”又往往是与不同的断句和标点方式相关联。例如下面一例的对照就很有代表性。

（1）厩焚。子退朝，曰：“伤人乎？”不问马。（《乡党第十》）

（2）厩焚。子退朝，曰：“伤人乎？”“不”。问马。（同上）

上面的两种断句，区别在如何恰当理解孔子退朝回家，在闻知家中马棚失火之后的反应。第一种断句属于正解，其基本意涵，用郑玄的话讲就是“重人贱畜”，故只问了是否烧伤人，而不问有无烧伤马。但邢昺又道：“‘不问马’一句，记者之言也。”在情理上，自家的马棚烧了，却毫不关心马的死活，不太能说得过去。故补充说“不问马”是在场人的记录，不是孔子自己所说的话，不能反映孔子本人的心境。

朱熹注解此章，承袭传统经解，肯定“盖贵人贱畜，理当如此”。但放在孔子珍爱生命和孟子亲亲、仁民、爱物的情境下，又明显有不适合之感，尤其是宋儒还大讲“生生”，大讲“仁者以天地万物为一体”，所以朱熹需要进行折中，而称：“非不爱马，然恐伤人之意多，故未暇问。”肯定“贵人贱畜”，符合儒家“天地之性（生）人为贵”的立场，但这一立场需要有所限定，即它不是无条件的，它要受到孔子仁爱的原则和儒家博爱观念的制约，所以朱熹强调孔子并非不爱马，只是情急之下，首先想到的是伤人严不严重，还来不及问马罢了。

从汉唐儒到朱熹，虽然都对“不问马”有所保留，但毕竟认同的是如此的断句，所以都属于正解的系统。但它的问题，在于偏离了以孔子为代表的儒家的仁爱定向，所以古人又有与之不同的第二种断句和解读方式。

唐初，陆德明《论语音义》记载：“一读至‘不’字绝句”（见《经典释文》卷二十四），即将孔子语读作：“伤人乎不？问马。”“不”为“否”之意。中唐时韩愈注解《论语》，有《论语笔解》一书，书中便持如此的见解。“言仁者圣之亚，圣人岂仁于人，不仁于马？故贵人所以前问，贱畜所以后问。”唐中后期，李匡乂发挥韩愈之义，并融合了从汉到唐的经学见解，“贵人贱畜”被解读为先问人后问马，而非不问马。他所理解的当时场景，应当是：“夫子问伤人乎？乃对曰‘否’。既不伤人，然后问马。”（《资暇集》卷上）马虽然属于牲畜，但仍然是值得挂念和关爱的生命。如此先问人后问马的贵贱之分，能更恰当地反映从孔子开始的儒家仁爱观的基本内涵——爱之普遍性（博爱）与差别性的统一：天地之性人为贵，所以人在其首，马在其次。由近及远，由人及马（物），如同孟子所说的“亲亲而仁民，仁民而爱物”一样，仁爱一步步推广至全天下。

在今天，随着生态世界观逐渐为人们所接受，动物福利、动物权利的问题日益提上议程。人和马都有自己的生命权，怎么能够放任马被烧死而不问呢？于情于理，孔子也不可能对自己的马被烧死漠不关心。因此，与“正解”不同的第二种断句的“别解”，应当能更全面地展示孔子仁爱观的全貌，也更能与当今的时代衔接。

### （三）文字及字义的争议

《论语》的版本及文字，自郑玄定稿以来总体上保持着一致性，但也存在个别文字的差异。同时，由于古人用字的简略，某字在后世当如何恰当解释，亦有不同的见解。借助新出土《论语》文献，可对长期存在分歧和争议的文字及字义的理解做出进一步的澄清。

例如，通行本《论语·八佾》有如下一章：

哀公问社于宰我。宰我对曰："夏后氏以松，殷人以柏，周人以栗，曰使民战栗。"子闻之，曰："成事不说，遂事不谏，既往不咎。"

从何晏《论语集解》引孔安国注到皇侃《论语义疏》，本章的一般理解是，"凡建邦立社，各以其土所宜之木"；"哀公见社稷种树之不同，故问宰我也"。结合经文，意思是说，一个国家的建立，需要创立社坛，在社坛中应种植与其土地所适宜的树木，以祭祀社神。鲁哀公因不清楚需要种植什么树，所以向宰我求教。宰我的回答是，夏代种松树，殷代种柏树，周人则种栗树；而周人所以种栗树，是为了使民众有恐惧敬畏之心。孔子知道后，对宰我的答复不太满意，但又不打算更正，采取了既往不咎的态度。

孔子事后的态度不论，邢昺《论语注疏》总结前人之说，认为宰我并不是真正知道各以其土所宜之木的究竟，但又妄为解答。其实应当是：夏都在安邑，适宜栽松；殷都于亳，适宜植柏；而周都在丰镐，适宜土质的就是栗树，即与是不是使民恐惧害怕完全没有关系。邢昺的观点与前人注解明显不同的是，不认为"社"是指在社坛种适宜的树，而是"谓用其木以为社主"，即用各自所适宜（栽种的）树木做成祭祀土地神的木制牌位——木主（社主）。

从版本上说，邢昺之说确有根据。因为在孔颖达的《春秋左传正义·文公二年》中，就已载明《论语》版本此句作"哀公'问主'于宰我"，而且，"古《论语》及孔、郑皆以为社主"。就是说，"问社"可有二解——"树"主或"木"主；但"问主"则只能是"木"主。

朱熹《论语集注》的观点，有继承发挥前人之处。例如，对于宰我言周人用栗之意在使民战栗，猜测可能因为杀戮犯人是在社中，因而宰我附会其说，朱熹此猜测具有一定的道理。但在总体上，他没有认可孔颖达和邢昺之说，而取何晏、皇侃所集汉人注解，释为："古者立社，各树其土之所宜木以为主也。"他在与学生讨论时还说道，古人以树作为社主，以使神能够依附，时人所以会说"神树"之类。而且，"社只是坛。若有造主，何所藏之！古者惟丧国之社屋之"（《朱子语类》卷二十五）。意思是说，社是立坛，所以需要植树。如果是造设木主的话，能在哪里收藏它呢？并引《礼记》等相关记述为证说，古来只有那些灭亡了的国家，才会被（胜利者或新王朝）设立木主建屋收藏，以为警醒之意。譬如周人建立殷社而引以为戒，以便发明为善则得国、为恶则失国的道理。

朱熹的义理辨析固然有自己的逻辑，但从文献的层面看并不能得到支持。不用说《古论语》及孔安国、郑玄注的"问主"之语及其疏解，20 世纪六七十年代，分别出土于新疆吐鲁番阿斯塔那墓葬的唐景龙四年写本《论语》、河北定州八角廊村汉墓西汉初《论语》，亦均作哀公“问主”于宰我而非“问社”，从版本文字上消解了朱熹持论的理由，证明“木”主而不是“树”主才是正确的理解。这说明义理的辨析必须有文献的支持才能够确立起来。

### 思考题

1.《论语》书名是什么含义？

2.《论语》最重要的注疏有哪几种？

3. 如何恰当理解《论语》的辞义？

## 第二节　孟子

《孟子》是儒家的经典之一，是了解孟子思想学说的主要资料。《孟子》一书属于诸子和传记类作品，《汉书·艺文志》将其归入《诸子略》，整个汉唐时期并没有受到特别的关注。东汉赵岐撰《孟子题辞》说，西汉时“《论语》《孟子》《孝经》《尔雅》皆置博士”，是所谓“传记博士”，后又被废止。但《孟子》作为疏通经义的传记，因为其“包罗天地，揆叙万类，仁义道德性命祸福，粲然靡所不载”的丰富内容，则不时被人引用，以至享有“诸经通义得引《孟子》以明事，谓之‘博文’”的声誉。入宋以后，随着理学家的大力推崇，尤其是朱熹将《孟子》与《论语》《大学》《中庸》合编为“四书”，《孟子》的地位才真正上升，是《十三经注疏》中最后成为经典著作。

### 一、《孟子》的作者和篇目

关于《孟子》的撰著和成书，赵岐将其与孔子整理六经的情况做了比较，认为有如“孔子自卫反鲁，然后乐正，《雅》《颂》各得其所，乃删《诗》、定《书》、系《周易》、作《春秋》”一样，“孟子退自齐、梁，述尧舜之道而著作焉，此大贤拟圣而作者也”（《孟子题辞》）。又认为情况类似于《论语》，称“《论语》者，五经之錧鎋，六艺之喉衿也；《孟子》之书则而象之”。这固然提高了孟子其人其书的地位，但这一观点一直备受争议，后人多不认同赵岐所说。

### （一）《孟子》的作者

《孟子》的作者，历史上大致有三种说法：一是司马迁《史记》的记载。司马迁认为，孟子周游齐、梁等国，因“述唐、虞、三代之德”，与其时“天下方务于合从连衡，以攻伐为贤”的大势不合，被当政者“以为迂远而阔于事情”，不被重用。在此情况下，孟子只好“退而与万章之徒序《诗》《书》，述仲尼之意，作《孟子》七篇”。那么，在司马迁看来，《孟子》就是孟子自己和他的学生万章等人一起撰著而成的。

二是东汉赵岐的看法。前面实际已经提到，赵岐在《孟子题辞》中说：“此书，孟子之所作也，故总谓之《孟子》”，即认为《孟子》是孟子自著。后来亦有承袭这一观点者，但多属于推论性质。譬如，朱熹曾将《孟子》的行文体例与《论语》比较，以为《论语》大都是孔门弟子所集，故“言语时有长长短短不类处”；但《孟子》则不同：“《孟子》，疑自著之书，故首尾文字一体，无些子瑕疵。不是自下手，安得如此好！若是门弟子集，则其人亦甚高，不可谓‘轲死不传’。”（《朱子语类》卷十九）就是说，从《孟子》“首尾文字一体，无些子瑕疵”来看，是孟子自著；倘若也是其门弟子所集，则是非常高的水平，也就不存在韩愈所谓“轲之死，不得其传焉”的对儒家道统不传的哀叹了。但朱熹的这一言谈较为随意，他的正式态度还是应该以代表作《孟子集注》所表述的为准。在《孟子集注》中，他比较司马迁与韩愈二说，认为还是司马迁主张《孟子》是孟子自己和他的学生万章等人一起撰著更为合理，而没有提到孟子自著的问题。

三是唐代韩愈等人提出的观点。韩愈等人认为，《孟子》是孟子去世后，由弟子万章、公孙丑等人所编纂而成的。孙奭《孟子注疏·题辞解》便引有韩愈此说。朱熹《孟子集注》在叙述司马迁的观点后，亦专门注引此说道：“韩子曰：‘孟轲之书，非轲自着。轲既没，其徒万章、公孙丑相与记轲所言焉耳’”，即与《论语》的成书相类似。这一观点后来也有不少学者认同。如宋代著名目录学家晁公武便从孟子所见诸侯皆称谥而一些诸侯却晚于孟子过世推论，《孟子》一书不可能由孟子自著（见《郡斋读书志》卷十）。

以上三种观点，第一种与第二种有一定联系，如认为孟子自著的赵岐，也承认孟子著书是将与公孙丑、万章等弟子的“难疑答问”“论集”起来，又“自撰其法度之言”而著成《孟子》七篇的，实际将弟子们的贡献也包含了进来；而第三种，于诸侯皆称谥，可以理解为孟子去世后弟子又有再加工，对诸侯补称谥。其他典籍如《春秋》的流传，事实上也存在后人补入的情况。

因而，总起来看，司马迁所说也就有更多的道理，毕竟他较之其他人时代更早，距孟子的年代更近，听闻接触的史料相对可靠一些。

### （二）《孟子》的篇目

司马迁在《史记》载明，《孟子》全书共七篇；但到西汉末刘歆整理图书时，则有九种《孟子》，“凡十一篇”；东汉初班固作《汉书·艺文志》时，《孟子》同样是十一篇。赵岐认定《孟子》为孟子自著，“其篇目，则各自有名”，即《梁惠王》《公孙丑》《滕文公》《离娄》《万章》《告子》《尽心》七篇。

不过，赵岐同时说明：“又有外书四篇，《性善》《辩文》《说孝经》《为正》，其文不能弘深，不与内篇相似，似非孟子本真，后世依放而托之者也。”就篇目数量而言，这刚好与刘歆、班固所言十一篇相合。但赵岐认为它们既非孟子本真，也就不为这四篇作注，人们因之也逐渐缺乏对这四篇的关注，后来便慢慢亡佚了。

宋初，《太平御览》中曾引有一条不知出处的孟子语录，称：

> 孟子曰：“人皆知以食愈饥，莫知以学愈愚。人皆知粪其田，而莫知粪其心。”

明代陈士元在引述后，加按语说：“《太平御览》所引乃刘向《说苑》语，岂《孟子外书》有此文邪?”（《孟子杂记》卷二）陈士元曾作《论语类考》和《孟子杂记》，广引诸书以补正先前典籍记载之不足。四库馆臣称其所著“一切悠谬之谈，概加删薙，亦颇为审慎”，“均为有裨于经义”。据此可大致推论，《孟子外书》在明代已不为人所知了。陈士元才会猜测这一条会不会是刘向从《孟子外书》中引用而来的。陈氏所说值得参考。

至于赵岐称作“内篇”的《孟子》七篇本身，其传承虽也经历了秦焚书，但因“其七篇书号为诸子，故篇籍得不泯绝”，一直流传至今。

## 二、《孟子》的注疏

《孟子》的注疏，古往今来不在少数，但最重要的，在经学层面无疑是赵岐分章别旨所作的《孟子章句》，这也是汉代唯一留存到今天的《孟子》注解。到隋唐时，孟子的地位并不高，陆德明《经典释文》解释经典的文字音义，按后来的“十三经”计，儒家经典独缺《孟子》。唐中期张镒、丁公著开始为《孟子》作音义，北宋孙奭奉敕校订赵岐注，采集二家之善，补其阙遗，又兼引唐陆善经《孟子注》，撰成《孟子音义》二卷。

传世本《孟子注疏》（收入《十三经注疏》）标明为孙奭所著，但世人多怀疑其伪。朱熹以为：“《孟子疏》，乃邵武士人假作。蔡季通识其人。当孔颖达时，未尚《孟子》，只尚《论语》《孝经》尔。其书全不似‘疏’样，不曾解出名物制度，只绕缠赵岐之说耳。”（《朱子语类》卷十九）朱熹的观点为后来辨伪者所认同。因为名为“疏”却又不具体解释《孟子》书中涉及的名物制度；而且文献中均只载有孙奭作《音义》而未提及他作《注疏》。清人编《四库全书》和阮元主持校刻《十三经注疏》，均认定今本《孟子注疏》（《孟子正义》）是假托孙奭的伪作。然而，由于该《注疏》流传已久，事实上已成为世人阅读了解《孟子》的基本参考，亦如《四库全书总目提要》所说："以久列学官，姑仍旧本录之尔"，从而并没有将它逐出经典的行列。

南宋以后，朱熹《孟子集注》刊出，其影响日渐超越署名孙奭的《孟子注疏》，成为元明清时期最重要的《孟子》读本。《孟子集注》作为科举考试的必读书，本身便享有经典的地位。

### （一）从赵岐到孙奭的《孟子注疏》

虽然孙奭《孟子注疏》的作者及价值均受人质疑，但"自明以来学宫所贮，《注疏》本而已"。所以，下面仍将其作为经典的《孟子》疏解，连同赵岐所作之《注》一并介绍。

其一，赵岐言"诸经通义得引《孟子》以明事"，实际奠定了《孟子》在儒家经典诠释中的地位。的确，《孟子》中，大量引述《书》《诗》《春秋》等经典并据此发挥阐释，对帮助了解诸经意涵能提供实在的帮助。更重要的是，作为最后一部进入经典行列的著作，《孟子》自身就载有如何对待经典的态度。

在书中，孟子对经典并不盲从，而是敢于据理做出自己的判断。这对于后人正确对待经典权威提供了一个很好的范例。其中颇为典型的，就是孟子对于《尚书·武成》的论断。

> 孟子曰："尽信《书》，则不如无《书》。吾于《武成》，取二三策而已矣。仁人无敌于天下，以至仁伐至不仁，而何其血之流杵也？"（《孟子·尽心下》）

对于孟子所说，赵岐、孙奭的《注疏》一是指明"经有所美，言事或过"，肯定包括《尚书》在内的经典，其叙事都有夸张的；二是结合《尚书》，其"过辞多矣"，所以于《尚书·武成》篇，只取用其中个别片段；三是站在儒家"仁人无敌于天下"的仁本位立场，大仁大善讨伐大罪大恶，必然的情景是殷人箪食壶浆以迎王师和商纣军队前徒倒戈，怎么可能出现双方拼死搏斗而血流漂杵的残酷景象呢？所以，《尚书·武成》篇所言不值得取信。

至于"尽信《书》，则不如无《书》"，则实际提出了对待经典的一般方法论指向，赵岐、孙奭认为，孟子言《尚书》之文不可尽信，如果尽信其书之文，还不如没有《书》，道理为何？"以其辞之有过，适所以疑惑于人也。"这说明，从孟子到赵、孙，都不认为经典具有绝对的权威，经典言辞之过，是可以迷惑人的，所以不应该盲从迷信。这应该是恰当和科学地对待经典的态度。

其二，《孟子》书言孟子，以一句“孟子道性善，言必称尧舜”（《孟子·滕文公上》）最为知名。而后人凡提及孟子，首先想到的也是“性善”，“性善”几乎成为孟子一生最著名的学术名片。那么，对于在《孟子》书中出现的“性”和“性善”，赵岐注说“人生皆有善性”，孙奭疏为“人性皆有善”，孙奭以“人性”替换“人生”，可能是沿袭了“性”为“生”义的传统解释之一；其全句合起来，赵岐、孙奭的解读是：人性（生）皆有善，但重在将善性扩充落实到行动；孟子游说诸侯，必称颂尧舜以仁义治天下，劝勉各国君主效法尧舜。而从人的性善走向尧舜的以仁义治天下，也就意味着孟子“仁政”的开出。

只就孟子“道性善”来说，赵岐、孙奭的注解在义理上存在不足，即性“有善”是否同时也“有不善（恶）”？这在逻辑上是可以兼容的，并事实上构成《孟子·告子上》所言“性可以为善，可以为不善”的理论基础，西汉扬雄则明确提出性善恶混的观点（人性有善有恶）。当然，结合后面对《孟子·告子上》中孟子与告子论辩的疏解，赵岐、孙奭以“性本善”的观点诠释了孟子的“性善”，大致弥补了这一缺陷。

同时，赵岐、孙奭注解“善”在义理上也有贡献，即用“美德”解释善，并对“美德”进行了定义。孙奭称：“所谓善即美德也，谓美德者，即仁、义、礼、智是也。”仁义礼智是使人能够称得上“美”的内在德性。这对今人如何认识和理解“美德”，在字义和概念上应当有所帮助。

其三，孟子既是思想家，也是政治家，在国家政治的核心问题君民关系上，他提出的“民为贵，社稷次之，君为轻”（《孟子·尽心下》）的“民贵君轻”说影响了中国社会两千多年。那么，如何理解“民贵君轻”，是否就解作其字面意思，即民最贵重，君位则轻呢？不能简单这么讲。赵岐、孙奭以为，首先，这里有“君比于民，犹以为轻者”之意，轻重关系是比较而言的，不能单讲君不重要；其次，之所以要做此比较，是因为“得民为君，得君为臣，民为贵也”，即君位能否得来取决于民心的向背，商汤、周文正是因为得民心、民乐其政，才“自百里而起为天下王”。由此，孟子的基本观点，就是得民心者得天下，“得乎丘民而为天子”，提醒统治者的权力来自民，绝不可轻视之。赵岐、孙奭注疏可以说是符合孟子的本意的。

在赵岐《注》与孙奭《疏》之间，正如前面朱熹的质疑中已提到的，孙奭《疏》往往“只绕缠赵岐之说”而“不曾解出名物制度”，即作为“疏”体，本来应该对《孟子》本文和赵岐《注》中所涉及的名物制度进行疏解，但事实上却没有，体现的反倒是宋人重视义理发挥的状貌，这在经典训解上是有明显不足的。

### （二）朱熹的《孟子集注》

朱熹的《孟子集注》与《论语集注》一并完成于南宋淳熙四年（公元 1177 年）。此前五年即乾道八年（公元 1172 年），《孟子精义》同样也是与《论语精义》一起成书。《孟子集注》是朱熹在《孟子精义》的基础上加工而成。

与《论语集注》一样，《孟子集注》开篇也是引司马迁《史记》之言，介绍孟子的生平事迹。朱熹既不以孙奭《疏》为然，所以不予理会，但对赵岐《注》，则有引述和参考，当然对其观点不尽认同。例如，赵岐虽称“诸经通义得引《孟子》以明事”，但《孟子》书毕竟不谈名列诸经之首的《易经》，所以赵岐又云：“孟子通五经，尤长于《诗》《书》。”而此说却受到理学家的批评。朱熹引程子及其学生尹氏言，强调“知《易》者莫如孟子”；“则赵氏谓孟子长于《诗》《书》而已，岂知孟子者哉？”孟子在程朱看来已经是通晓应用五经的典范，因为理学家是号称遥接上千年前的孟子来进行自己的学术创造的，因此孟子学术的全面性就是必须要设定的前提。

仍以前面赵岐、孙奭注疏《孟子》之例为样本，看看朱熹如何表达自己的意见。

首先，对于孟子不满于《尚书·武成》“血流漂杵”的记载，朱熹注解说：

> 《武成》言武王伐纣，纣之“前徒倒戈，攻于后以北，血流飘杵”。孟子言此则其不可信者。然《书》本意乃谓商人自相杀，非谓武王杀之也。孟子之设是言，惧后世之惑且长不仁之心耳。（《孟子集注·尽心章句下》）

与赵岐、孙奭《注疏》相比，朱熹只是复述孟子言“血流飘杵”不可信，并未如赵岐、孙奭认定经典本身言说过头，而是提出从“《书》本意”与孟子“设是言”的不同角度分别看待这一问题：论“《书》本意”，则孟子说有误，“血流飘杵”不是指商纣与武王军队之间的残杀，而是商纣军队自相残杀，维护了仁者无敌的道德设准；孟子“设是言”，则为孟子解脱了误解经典的嫌疑，以为孟子这是怕后世动摇仁者无敌的信念并因此生起不仁之心，而有意做如此声明的。朱熹的注解，调和了《尚书》文本与孟子之言的紧张，维护了双方同作为经典的权威。至于孟子自己的真意如何，已经不是重要的问题。

其次，对于“孟子道性善，言必称尧舜”（《孟子·滕文公上》），朱熹的注解鲜明地体现了他“性即理”的基本理论原则。他称：“性者，人所禀于天以生之理也。浑然至善，未尝有恶。”朱熹对“性”的概念首先进行了界定，而这是赵岐、孙奭注疏所缺乏的；肯定性就是人生而禀有之理，所以它是至善无恶的。接着言，孟子“每道性善而必称尧舜以实之，欲其知仁义不假外求、圣人可学而至，而不懈于用力也”。就是说，“道性善”必然要以尧舜的事迹来充实，目的就在告知天下人：仁义作为性善的内核，人生来本有，与尧舜无异，故可以通过学（体贴扩充内在仁义）而成圣人，只是需要用力不懈。那么，在性（理）本论的基础上，朱熹诠释的孟子意图，就是希望天下人尤其是君王明白，人人都具有与尧舜同样的资质，人人都可以成为尧舜。这就为儒家的道德教化树立了典范，也使其在根本上具有了说服力。

最后，对于“民为贵，社稷次之，君为轻……”，朱熹疏解其意为：

> 盖国以民为本，社稷亦为民而立，而君之尊，又系于二者之存亡，故其轻重如此。
>
> 丘民，田野之民，至微贱也，然得其心，则天下归之。天子至尊贵也，而得其心者，不过为诸侯耳，是民为重也。（《孟子集注·尽心章句下》）

相比赵岐、孙奭《注疏》，朱熹突出了民为立国之本的思想，君王之尊是建立在民及社稷存亡的基础上的。同时，以“至微贱”和“至尊贵”的悬殊地位对比丘民和天子，更显示出民心力量的厚重。但从总体上说，朱熹《集注》与赵岐、孙奭《注疏》只具有程度上的差别，根本上是一致的。故朱熹的特点不在于此，而在于他的注解是遵循了先训解字义才疏通其义理和思想的一般原则的。譬如此段义理的阐发，便是建立在对“社”“稷”“丘民”“天子”诸字词先行疏解的基础之上的。而赵岐、孙奭《注疏》则只对“丘”进行了训释。

当然，在不少篇章，赵岐、孙奭《注疏》也有对“名物”的训诂，不少也很详尽，例如对《孟子·公孙丑上》中的“市，廛而不征……廛无夫里之布”一段话做上千字的训释便是如此。其所注引的《周礼》经文及郑玄注解，朱熹亦吸纳入自己的《集注》，虽不到二百字，但却是继承赵岐、孙奭《注疏》而来。

《孟子集注》作为朱熹的理学代表作之一，区别于赵岐、孙奭《孟子注疏》的重要特点，是在开篇的《孟子序说》中，引二程及程门弟子之言，标举出孟子其人其书的理论贡献，就是将孔子的“仁”推广为“仁义”并大讲“性善”“养气”，此“皆前圣所未发”，故“有大功于世”。与孟子“道性善”相对，欧阳修“圣人之教人，性非所先”的观点，则是大错。一句话，“尧舜所以为万世法，亦是率性（循天理）而已”，说明理学与传统经学注疏最大的区别，就在于坚守以性理为本为先的理论宗旨和注经原则。

从《孟子》一书地位上升的历史轨迹可见，其经典地位直至北宋时仍不能确定。可历史的发展就是这样吊诡：正是因为《孟子》地位的不确定，学者们反倒可以更方便地利用它并围绕“性善”议题进行自身的理论创造。例如，北宋诸子的“性无善恶”说、“性善恶混”说、“生之谓性”说等，本身不是论说“性善”，但却又是在与孟子“性善”

主张的诘辩中构织起来的；最后成气候的天地（天命）之性与气质之性的二分说，也不能简单以性善论去解释。

《孟子》进入宋代，是以供学者参考、批评和辩护的文本出现于世的。《孟子》提出的性善、存心养性、良知、本心、求放心等未详加阐释的字词，既给后人提供了话题，又留下了足够的理论加工空间，结果，孟子的心性理论在宋明时期获得了远超《论语》的普遍关注和最为充分的扩展，这尤其在号称是直承孟子而来的心学一系表现得更加明显。

南宋以后，《孟子》的影响力进一步加强，并最终确立了儒家经典的地位。

**（三）从孔子到孟子——仁学的推进**

从孔子到孟子，其思想发展后来被归结为“孔孟之道”。在随后的两千多年中，孔孟之道成了儒家正统思想的代名词，而它们又集中表现在从《论语》到《孟子》所揭示和阐发的仁学思想之中。

“仁”的基本含义无疑是“爱人”，这在《论语》中有充分的揭示，故而也合称“仁爱”。但《论语》中的仁爱主要还是侧重于情感关怀和美善的价值彰显，到《孟子》，不但明确了“仁者爱人”的根本蕴含，而且将孔子的仁学向多方面扩展和推进：首先，孟子将“仁爱”的一般情感扩展为“仁义”的确定规范，儒家的“道德”亦相应成为“仁义道德”。在后来，这成了儒家的核心标志，并区别于其他各家的“道德”，孔孟之道实际就是仁义之道。其次，孟子揭示出仁爱之所以发生的人性根源，即人是因性善而爱人；而人之所以性善，就在人先天禀赋有仁义礼智“四德”和作为其表现的恻隐、羞恶、辞让（恭敬）、是非“四心”，它们集中展示了儒家的伦理情感和道德价值。在《孟子》，人之为人，正在于他有仁义礼智的本性和“四心”的必然发端。再次，同样以“性善”为基点，孟子倡导扩充、推广“仁术”以实行“仁政”，这是以善心扩充弘扬的形式来实现的国家组织行为。他将孔子主要基于人伦情怀的“爱人”考量推广到国家的政治运作和行政管理，统治者应“行仁政”成了后来两千多年社会上下的一致要求，它既是孟子以民为本的重民思想的集中反映，也成为统治者自我监管其执政合法性的最高原则。最后，孟子将孔子集中于“爱人”的人道关怀扩展推广为“亲亲——仁民——爱物”的普遍仁爱观，明确将“爱物”纳入仁爱的基本内容中，仁的爱心和价值情感延伸到自然万物，使仁爱更充分地展示出普遍之爱的价值蕴含，同时，它也反映了早期文明世界发出的人与自然和谐共生的生态观的要求。

南宋叶适对自孟子至宋儒的儒学发展滑向内在心性一边，提出了尖锐的批评，指出“盖以心为官，出孔子之后；以性为善，自孟子始”（《习学记言序目·孟子·告子》）。叶适虽然不认同理学家的立场，但这批评在史实上却是准确的。注重心性，力主性善，成为了孟子思想最重要的特征，后人理解孟子，首先就是从“孟子道性善”开始的。

### 思考题

1. 比较《孟子》与《论语》著作的异同。
2. 《孟子》注疏在经学和理学各有什么特点？
3. 如何理解《孟子》地位的上升和对孔子思想的推进？

## 第三节 《大学》与《中庸》

《大学》与《中庸》，前已述及，原为《礼记》的篇目，并不单行，宋以后地位上升并成为单独的著作，而这又以朱熹的《大学章句》《中庸章句》最为知名。下面便对朱熹分章断句并加疏解的二书略作讲解。

### 一、《大学章句》

《礼记·大学》经文本身是直接从开篇的“大学之道”发论的，而没有解说“大学”辞义如何。汉唐注疏讲述了学习《大学》的效用并以为需要从个人修身去走向它。但都没有点明《大学》之书与“大学”之“学”是何关系，即“大学”这一辞义本身应有的内涵。而这正是朱熹解析《大学》首先需要讲明的。

#### （一）《大学》与“大学”

朱熹对于《大学》下的一个简洁的定义，就是“《大学》之书，古之大学所以教人之法也”，指明《大学》一书就是古代大学教学法和教学原则的记载。那么，《大学》就与“大学”的学校教育制度联系了起来。

朱熹认为，“大学”首先是一种学校教育的制度设置，即根据人的年龄发育设置的教育教学阶段：“大学者，大人之学也。”与“大人”的大学相对的是“小人”的小学，按朱熹的历史考察，人生八岁入小学，十五岁入大学。古代的教育制度只有小学和大学两个教育阶段，没有中学，中学教育是近代西方教育制度传入后，在19世纪末20世纪初才兴起的。

其次，“大学”也意味着特定的与小学教育有别的教学内容的安排。按朱熹所描绘的

“学校之设”和“教之之术”，在小学阶段，教以洒扫、应对、进退这样的日常行为礼节和礼乐（德）、射御（体）、书数（智）“六艺”，此即古人的“德智体”全面发展教育；大学阶段，则“教之以穷理、正心、修己、治人之道”。需要注意的是，大学并不脱离“六艺”，而是在“六艺”的基础上，经由正心修身而体悟治国平天下之道。就是说，小学学的是具体的“艺”（事），大学体悟的则是抽象的“道”，是事之所以。因此，小学与大学的教学宗旨既相互承接，又各有侧重。

**（二）《大学》的作者与篇章**

《大学》的撰著，按朱熹的描述，始于孔子在礼坏乐崩的春秋时期，取先王之法传诵授教之时。尽管三千弟子都听闻了孔子的教诲，却只有曾参一脉真正了解了孔子大学教育的宗旨，于是“因小学之成功，以著大学之明法”，撰成了《大学》这篇著作，以发挥孔子的思想。

朱熹将《大学》全文分为《经》一章和《传》十章。《经》一章“盖孔子之言而曾子述之”；《传》十章“则曾子之意而门人记之也”。但这一说法明显没有文献的依据，学生当时便有疑问。朱熹在《大学或问》中分别解释道，以《经》一章为孔子之言，主要出于信仰，所谓“正经辞约而理备，言近而指远，非圣人不能及也”；《传》十章作为曾参之意的记录，理由主要是《传》文有引曾参之言又多与《中庸》《孟子》相合，而推知其出于曾参门人之手。曾参门人这里具体指子思，子思又将《大学》（经过自己的学生）传予孟子，所以《大学》与《中庸》《孟子》的思想具有连贯性。但这一证据也显得牵强。即便朱熹之言后来具有了经典的地位，但持怀疑态度的亦时有人在。最典型的是五六百年后清代的戴震。

按戴震友人洪榜在《戴先生行状》中的记载，戴震10岁入私塾就学，私塾老师讲朱熹的《大学章句》，当讲到“右经一章，盖孔子之言而曾子述之。其传十章，则曾子之意而门人记之”时，戴震不解，问老师如何知道是如此。老师答曰：“此先儒朱子所注云尔。”戴震接着问：“子朱子何时人也?”再答：“南宋。”又问：“孔子、曾子何时人也?”再答：“东周。”又问：“周去宋几何时矣?”再答：“几二千年矣。”又问：“然则子朱子何以知其然?”老师无以为答。

《大学章句》的分章，朱熹自序是“旧本颇有错简，今因程子所定，而更考经文，别为序次如左”。这里有多层意思：其一，“旧本”即《礼记·大学》本，通称为郑玄所注本。此本文字的编排次序与朱熹编定本有别，朱熹既以自己本子为准，自然郑玄旧本就是“有错简”了。其二，“因程子所定”。二程兄弟各有自己的《改正大学》本，朱熹本只是参照而不是照搬，实际与二程本都不尽相同。其三，“更考经文，别为序次”。朱熹仔细揣摩经文意思和其间的逻辑关系，重新排定了一个《大学》文字的次序。

当然，朱熹的排序，主要是就他所说的“传十章”而言，“经一章”则与小程本是一致的，与郑玄本除最末一句“此谓知本，此谓知之至也”移走外，也是一致的。

### （三）补《大学·格物致知章》

朱熹对于郑玄注《大学》文本是不满意的，“顾其为书犹颇放失”，其中最重要的，就是他按自己重新调整后的次序考察《大学》，发现《大学》在八条目——格物、致知、诚意、正心、修身、齐家、治国、平天下中，对“诚意、正心、修身、齐家、治国、平天下”六条目都有专门阐释，而唯独“格物、致知”没有，所以他认为该《大学》文本有“阙文”，即遗失阐发“格物致知”之义的《传》第五章。

因此，他“忘其固陋，采而辑之，间亦窃附己意，补其阙略”，以求得一个完整的《大学》。当然，他自谓其“己意”又是建立在“窃取程子之意”的基础上去发挥的，以示不违二程以来的学术传统。

朱熹补足的《格物致知》章（第五章）全文为：

> 所谓致知在格物者，言欲致吾之知，在即物而穷其理也。盖人心之灵莫不有知，而天下之物莫不有理，惟于理有未穷，故其知有不尽也。是以《大学》始教，必使学者即凡天下之物，莫不因其已知之理而益穷之，以求至乎其极。至于用力之久，而一旦豁然贯通焉，则众物之表里精粗无不到，而吾心之全体大用无不明矣。此谓物格，此谓知之至也。

朱熹撰写的这段文字，一般认为是他的认识论的总纲领，是他理学理论建构的重要组成部分。联系《经》一章的字义解释，“致”是“推极”的意思，“知”即指知识，“致知”就是“推极吾之知识，欲其所知无不尽也”。“格”是“至”的意思，而“物，犹事也”，“格物”就是“穷至事物之理，欲其极处无不到也”。“格物”和“致知”之间，格物是致知的前提基础，致知是格物的展开推广（推极）；格物重在深度，致知重在广度。

结合本章，从“致知在格物”开始，确认“致吾之知”就在“即物穷理”的过程之中。他讲明，认识可能的前提是心物、主宾双方各自的特性：“人心之灵，莫不有知”出于对人心灵觉的不怀疑而断定它一定能有——占有知（知识）；而“天下之物，莫不有理”则是依赖前置的经验和当下的直观做出的肯定判断；物理尽管可能是客观实在——仍然是基于既有经验，但作为意识的实在内容，却表现为一个人心不断逼近它的究竟或真相（真理）的过程；最终，在不断逼近中走向“豁然贯通”，物理作为整全的知识被吾心所纳入，而吾心因为这种彻底性知识的纳入而通体明晰。从认识开始时的能够占有知识走向结束时的实际占有知识，而且是充实完满，没有任何的欠缺或不清晰。

朱熹的“格物致知”论虽然讲述了人的认知活动，但它的目的仍在成就圣贤人格，使一般物理的探究与道德伦理的明晰——“明明德”一致起来。而后者，再联系到《大学》其他章，又整个表现为人的修身活动，“自天子以至于庶人，壹是皆以修身为本”。将国家天下的安危太平，系于个体修身的成败，是包括朱熹在内的理学家们的理想，也是他们开出的政治药方。

## 二、《中庸章句》

《中庸》与《大学》如同一对孪生子，它们的母体都是《礼记》。朱熹的《中庸章句》也与《大学章句》有不少相似点，但二书也有明显的不同。《大学章句》首先要讲“大人之学”为何，《中庸章句》却自子思为何要著《中庸》始，朱熹称“此篇乃孔门传授心法，子思恐其久而差也，故笔之于书，以授孟子”。孔门传授的“心法”维系的是儒家的道统，即与《大学》注重阐释“学”不一样，《中庸》的重心在“心法”和传道。

### （一）从《中庸》到《中庸章句》

子思著《中庸》，按朱熹所说，是“忧道学之失其传”；而朱熹自己著《中庸章句》，则是他本人“忧道学之失其传”。所以，朱熹要着力辨正的是《中庸》和《中庸章句》在道统承传中的地位和价值。

按朱熹所说，“道统之传”虽然是由孔子始传曾子再到子思，但其源头要早得多，直推到了“继天立极”的尧舜禹那里。其根据，就存在于《中庸》所阐述的“天命”“率性”“择善固执”“君子时中”等范畴和思想之中。朱熹以为，它们分别相当于《尚书》和《论语》中所记载的“人心惟危，道心惟微，惟精惟一，允执厥（其）中”。这十六字遂被称为“十六字心传”。

但后来传道的情况却颇不乐观，至再传孟子之后，则“没而遂失其传焉”。但幸亏《中庸》这篇文章还在，于是到了北宋二程那里，凭借此书才又将失传的道统接续起来。但二程的弟子们却不能真正领会老师的精神，乃至“倍（背）其师说而淫于老佛”。朱熹于是取来朋友石憝所辑录的程子《中庸》解说认真研读。但由于其书“大义虽明而微言未析”，心中颇有疑惑，沉潜反复若许年后，终于得其要领，“然后乃敢会众说而折其衷”，完成了《中庸章句》的撰著。为呼应《中庸章句》，他和学生将石憝书重新整理编定为《中庸辑略》；又围绕他与学生的论辩取舍撰成《中庸或问》。由此，《中庸》一书的宗旨和全部道理都条理清晰、曲畅旁通了。朱熹也因之可以聊以自慰：他在二程之后接续起了“道统之传”。

### （二）《中庸》的篇章结构

《中庸》独立成书，朱熹将其析为三十三章，其结构具体分三个部分：

第一部分是前十一章（1～11）。其中，第一章是子思叙述从尧舜禹到孔子“所传之意”，以确立《中庸》的“体要”；其后十章是子思引孔子之言，皆论“中庸”以发明第一章之义。对于各章文字颇不相类，朱熹的解释是“文虽不属，而意实相承”，这本身也是他辨析《中庸》文本把握的原则之一。“道也者，不可须臾离也”。

第二部分是中间九章（12～20）。其中，第十二章是子思自己的话，旨在申明首章“道也者，不可须臾离也”之意；余下八章，则杂引孔子之言再加发明，最后第二十章的“哀公问政”是整个《中庸》中体量最大的一章，此章广引孔子之言，“以继大舜、文、武、周公之绪，明其所传之一致”。又说这一章是“包费隐、兼小大，以终十二章之意”。

第三部分是后十三章（21～33）。由于第二十章孔子概括提到“诚者，天之道也；诚之者，人之道也”但言语不多，所以第二十一章是子思承接此天道、人道之意而立言，并在随后的十二章中，反复推明这一章的诚（天道）明（人道）之说。最后第三十三章，子思七引《诗经》之言，以走向“无声无臭”的本体和境界终结全篇。

### （三）“中庸”之义

《中庸》之书是要阐发“中庸”之义的。“中庸”二字作何解呢？朱熹开篇定义：“中者，不偏不倚、无过不及之名。庸，平常也。”这是承接二程的“不偏之谓中，不易之谓庸”而来，中心的意思是“无过不及”和“平常”。但这只是就“中”与“庸”两个字而言，在二程，关键还在它们的哲学内涵：“中者，天下之正道。庸者，天下之定理。”从而将所谓孔门传授的“心法”转移到了理学的轨道上，由此，“中庸”就不是一般的无过不及、中正平常之意，而是特定的天下定理了。

朱熹将“中”与“庸”合起来解，便是“中庸者，不偏不倚、无过不及而平常之理，乃天命所当然，精微之极致也”。这种无过不及而平常之理，属于上天所命，内在于心，最为精微，故需要人在日常行为活动中认真体贴和遵循。朱熹还强调，这就是儒家所主张和奉行的“实学”。

从思想层面来说，“中庸”作为孔子传下的重要观念，在《论语·雍也》中已有记载。孔子谓：“中庸之为德也，其至矣乎！民鲜久矣！”孔子界定“中庸”是一种德行，这种德行以“至”为关键。“至”即恰好到点（中）上，但这个度在日常实践中很不容易把握好，往往不是过度就是不及，这种情形已经很久了。子思著《中庸》，把孔子的话几乎照搬了下来，简洁表述为：“中庸其至矣乎！民鲜能久矣！”（《中庸》）

不过，流行的见解是把《中庸》此处的“至”理解为最高，即认为是“最高”的道德标准，所以人民很难达到。但这样理解并不符合孔子和《中庸》的思想。因为如果是这样，那就不存在“过中”而只会有“不及中”；而既然有“过”——“师也过，商也不及……过犹不及”（《论语·先进》），孔子的学生既有过也有不及，那就证明不能以“最高”而只能以“到（中）”去理解。这才是中庸的“平常”而不是“非常”之义。朱熹对此解释得十分清楚。他说：

> 过则失中，不及则未至，故惟中庸之德为至。然亦人所同得，初无难事，但世教衰，民不兴行，故鲜能之，今已久矣。（《中庸章句》）

孔子对“中庸”之德强调“至”，就在于人们的日常行为或者过中或者不及中，即都没有恰好到达（至）中。朱熹想要大家知道，“中庸”作为天命之理，人人生而所具，故从可能性讲，达到它本身不是难事——它不是高高在上而难以到达的标准！现实情况之所以不是这样，就在于礼坏乐崩，君王未做出德行示范和引导，人民也就不认为“中”是值得提倡的，所以在实践中也就很难达到“中”。所以，从孔子到朱熹，对此情形只能报以深深的哀叹。

在这里，对于“中庸”到底难不难“至”，朱熹有一个比较，即《中庸》第九章引孔子所言，“天下国家可均也，爵禄可辞也，白刃可蹈也，中庸不可能也”。治国平天下是儒者一生追求的最高理想，推辞爵禄意味不再从政谢绝富贵，毅力坚忍以至于敢于赴汤蹈火，这三者被朱熹分别归入智、仁、勇之事，“天下之至难也”，最难不过它们，但聪明智慧之人、资质优异之人、勇敢无畏之人经过努力是可以达到的。中庸显然“不必皆如三者之难”，却为何是“不可能”呢？朱熹的观点是，中庸本是平常事，它需要的是一种自然而然、“义精仁熟”的修养工夫，没有丝毫的人欲掺杂在里面，这就是它的不可及之处。最后的结论就是：“三者难而易，中庸易而难，此民之所以鲜能也。”（《中庸章句》）

《中庸》其书的另一特点，是《中庸》本是讲“中庸”的，可在号称子思叙述孔子传道本意的第一章中，却不讲“中庸”而只说“中和”，那“中和”与“中庸”是什么关系呢？朱熹引二程学生游酢的话解释说：“‘以性情言之，则曰中和；以德行言之，则曰中庸。’是也。然中庸之中，实兼中和之义。”从传统儒家到理学家，都主张从人的性情角度去解说“中和”。分而言之，人的喜怒哀乐情感未发之前的先天本性状态是“中”；而此情感发现如果完全符合社会的礼仪规范——“中节”，就是“和”。由于人的本性是天命的——“天命之谓性”，人物皆同，所以关键在后天的情感发现要恰好符合规范，行为举止、德行表现无过不及，而这正是“中庸”之“中”本来的含义，所以朱熹说“中和”之义已包含在“中庸”之中。“中庸”所要求的，正是“至”所代表的恰当、适宜的德行。就此亦可看出，《中庸》能从《礼记》中独立出来成为经典，与它为理学创生提供了必需的心性论资源是分不开的。

## 思考题

1. “大学”“大学之道”《大学》三者间是什么关系？
2. 如何理解《中庸》之义？

# 第三章 诸子典籍

中国传统文化经典，在“大一统”的中华国家，影响最大的无疑是“四书五经”，或者扩大到儒家“十三经”。但中国传统文化经典并不局限于此，而是有着更为丰富的内容。它们在先秦诸子百家争鸣时便充分展现，长期影响着中国人的思想、言行和社会习俗，并成为国家制度和政治架构建设的基本精神资源。考虑到这一基本的要件，这里挑选出来加以介绍的，就是《老子》《庄子》《墨子》《荀子》《韩非子》等有代表性的典籍。

秦汉以后，伴随着“独尊儒术”的推行和宗教层面的道教的兴起与佛教的传入，中国文化逐步演变为以儒家学术为中心，以儒、释、道“三教”文化为主干的多元一体的包容性文化系统。相应的经典体系构成，除“四书五经”外，《荀子》作为儒家的重要典籍，不论是汉唐时被推崇还是宋明时遭排斥，它始终是重要的儒家文化资源；《老子》《庄子》则对不论是作为学派的道家还是作为宗教的道教而言，都属于根本性的经典，并长期与儒家思想存在互补的关系；《墨子》在先秦时期的影响力不低于儒家典籍，《韩非子》在战国末年则声名鹊起，虽然它们在汉以后随着相应学派的消亡而遭受打压，但作为思想要素却始终在场，一直为儒家思想的丰富和社会国家的制度化建设贡献着力量。

与先秦时期中国本土完全自生的经典不同，《坛经》是随着外来佛教的中国化而由中国佛教思想家创造的经典。它既体现了对先前佛教思想的总结，更对后来佛教和儒家文化的发展有启迪之功，因而也值得我们后人尊重。

# 第一节　老子

《老子》这部书是百家争鸣的“诸子”书中的第一部。对于其著作者是否就是老子本人，在历史上一直存在着争议。按照司马迁相对确定的说法，老子或老聃作为周王朝主管图书的史官，平常修习“道德”，因看到周王朝衰落的不可避免而出走，后在经过函谷关（或散关）时，守关的关令尹喜要求老子著书留存，“于是老子乃著书上下篇，言道德之意五千余言而去，莫知其所终”（《史记·老子韩非列传》）。如果此说不误，《老子》一书便是老子本人所作，其结构为“上下篇”，其内容则是阐发“道德”。故《老子》后又通称《道德经》或《老子道德经》。

《老子》以及随后产生的其他道家典籍长期与儒家思想相颉颃，对中华文明和中国人思维特性的塑造都产生了极为深刻的影响。

## 一、《老子》的版本

《老子》的版本不少，主要分为传世各本和新出土简帛本两个系统。传世各本以魏王弼注本为代表，即今通行本，中国人了解《老子》主要就是依据此本。王弼注本所载的《老子》本文，战国中期以后已在流传，并在汉以后逐渐成为《老子》的经典版本。

新出土简帛本，到目前为止，具有代表性的主要有三个：马王堆汉墓帛书本、郭店楚墓竹简本、北大藏西汉竹书本。三者与通行本比较，存在不少差异：

马王堆汉墓帛书本，1973 年于长沙马王堆三号汉墓出土，在文字上与通行本的表述有一些差别，但最大的差别出现在竹简编连的形式上，即它不是先讲“道”（通行本第 1～37 章）后言“德”（通行本第 38～81 章），而是“德”先而“道”后，开篇是从通行本的第三十八章论“德”开始，“德”叙说完后才是言“道”，前后次序颠倒了过来。同时，由于其明确以“德”和“道”注明其前后两部分，故又有所谓“德道经”之说。

郭店楚墓竹简本，1993 年于湖北荆门郭店村出土，在各章顺序和文字上都与通行本有不同，但最大的不同：一是该本《老子》文字全部加起来只相当于今本《老子》的五分之二；二是在内容上，通行本第十九章的“绝圣去智，民利百倍；绝仁弃义，民复孝慈；绝巧弃利，盗贼无有”，在郭店本中变成了“绝智弃辩，民利百倍；绝巧弃利，盗贼亡（无）有；绝伪弃虑（诈），民复季子（孝慈）”，即并未掊击圣（人）和仁义，反与儒家思想合拍。据推测，它可能是当时儒家学者折中儒道以教导贵族子弟的一个《老子》

节选本。

北大藏西汉竹书本，系从海外文物市场上收购的版本，此本一大特点是在两枚竹简的背面写有“老子上经”和“老子下经”的上下两篇的篇题，这是《老子》作为书名在出土简帛中首次发现，其“上下经”的划分也是“德”前而“道”后，与马王堆本应当属于同一系统，但并不题写“德”“道”而是以“上”“下”经来区分。在这里，以“经”名上下篇，说明《老子》在西汉时便已被称为“经”了。

作为新出土文献，从战国末到西汉，帛书本应当有一个流传系统。采用“德”先而“道”后的顺序解说《老子》，最早的是战国末年的韩非。韩非在历史上因作为法家的代表人物而知名，但司马迁撰《史记》，却是将老子与韩非合在一起，成《老子韩非列传》，称韩非虽“喜刑名法术之学，而其归本于黄老”，“原于道德之意”。那么，韩非著《解老》《喻老》二篇解释发挥《老子》，也就在情理之中了。不过，《解老》《喻老》二篇涉及《老子》的文字，只占全书大约三分之一的篇幅；而在撰著体例上，相当于今天的夹叙夹议，以发挥为主，不是典型的注释文本。韩非之后，西汉末严遵著《老子指归》，所载《老子》本文也是先释“德”而后解“道”。然而，这一“德”“道”经的版本体系，在东汉或魏晋以后则不再流行。至于郭店本，早在战国中晚期就消失了。在内容层面，除郭店本外，出土文献诸本与传世各本并无实质性的差异。

后来流传的《老子》版本，均是以不同的注本面目出现，主要有汉代的严遵注本与河上公注本、三国魏时的王弼注本和唐初的傅奕注本。其中，对中国人影响最大的是今通行本——王弼注本，所以下面以此本为基础来叙说《老子》。当然，为更好地揭示其思想内涵，也会在需要的时候引入其他流传版本和出土简帛本以进行比较。

## 二、《老子》的结构和注本

《老子》本文共五千余字，故《老子》又有“五千言”之称。从流行看，《老子》并没有单独流行的版本，各本都是与不同的注文联系在一起的，并形成卷数多寡不一的结构。但在实际应用中，人们通常并不关注其分卷或卷数多少，而只留意上下篇和分章。

《老子》全书分为八十一章，司马迁当时已用“上下篇”称《老子》，可见《老子》分上下篇由来已久。但上下篇具体如何划分，则未予说明。通行《道德经》的八十一章版本，最早相传是汉代隐士河上公注本，河上公注本已是“上下篇”与“道德经”的结合，形成上篇《道经》三十七章、下篇《德经》四十四章的流传至今的结构。

河上公注本的另一特点，是后来通行的该版本，在每一章前按各章顺序均题有章名，如《体道第一》《养身第二》《论德第三十八》等。在这一点上，河上公注本与严遵注本形式相类，严遵注本每章前也有篇名，如《上德不德篇》《道生一篇》《小国寡民篇》等。

严遵注本与河上公注本虽然成书较早，但就其流传和对中国社会的实际影响来说，均不及出现于它们之后的魏时王弼的《老子》经典注本。

王弼的《老子》注本按上下篇分为上下二卷，其篇章结构与河上公注本相同，即上篇论“道”三十七章，下篇论“德”四十四章。但不论《道经》还是《德经》，每章都不再标注篇名，直接以“××章”为分章标志和章名。王弼注本的版本结构及其流传在不同史志中记载不一，但大体上今本应是当时王弼所注本。王弼注本后来成了《老子》的经典注本，对中国文化系统和中国社会产生了十分深远的影响。

《老子》虽然后来被道教崇奉，亦成为道教在宗教层面的核心经典，但它本来作为诸子的一家——道家之言，是世俗社会的文化典籍。《老子》一书，不是在宣扬宗教教义，而是从哲理上探讨宇宙、社会和人生，集中展示了先秦哲人的思辨智慧。而这些在王弼注本中得到了最好的体现，所以在历史的选择中，王弼注本胜过了其前后的严遵注本、河上公注本、傅奕注本等，成为《老子》最为经典的注本。

## 三、《老子》的文句与思想

《老子》文句的释读与儒家的经典一样，也需要在断句的基础上再辨析其文意，明确其蕴含。但由于《老子》文本的简短，不同版本在个别文字上的差异或有无，会更明显地影响到对《老子》文意的理解，下面举例说明。

### （一）《道经》释例

《道经》部分共三十七章，内容涉及多个方面，但天地万物的生成及其“无”与“有”的关系，可以说是最根本性的，《老子》的整个思想以它们为基础。不过，由于文本断句和标点的不同，对《老子》思想的理解，呈现出一定的差异。

1. “无”与“有”，还是“无名”与“有名”？

《老子・一章》

例一：

道可道，非常道；名可名，非常名。无，名天地之始；有，名万物之母。故常无，欲以观其妙；常有，欲以观其徼。此两者同出而异名，同谓之玄。玄之又玄，众妙之门。

例二：

道可道，非常道；名可名，非常名。无名，天地之始；有名，万物之母。故常无欲，以观其妙；常有欲，以观其徼。此两者同出而异名，同谓之玄。玄之又玄，众妙之门。

例一和例二是《老子》第一章最典型的断句和标点方式，此外还有其他一些方式，但通常不影响文意的理解。从形式上看，这两种方式大部分是相同的，譬如开头的“道可道，非常道。名可名，非常名”与结尾的“玄之又玄，众妙之门”就完全一致。其含义，开头句是说：可以“道”、可以“名”的道与名，就已经变化了，不再是那恒常不变的“道”与“名”的本身了。结尾句则是说：永无尽头的又不可定名的玄妙，就是天地万物产生的总门。

例一与例二不一致的地方，主要出现在中间部分，即双方对“无”与“有”的论说。其关键在于，“无”与“有”是作为单音词的独立概念，还是作为“无名”“有名”“无欲”“有欲”的合成词存在，从而也引出了以下不同的语义解读：

例一，是以“无”与“有”分别为天地万物的根源和母体，而“无”是不可闻见的，所以人要始终以“无”的心境去揣摩其微妙；“有”则是可以闻见的，所以人应当始终从它的现实表现去考察其归终。相应地，“无”与“有”分别作为始与母的双方，虽然不同名，却都是从“玄”那里产生出来的，故都可称为“玄”。

例二，则是以“无名”与“有名”分别为天地万物的根源和母体，与例一比较：例一的“无”与“有”是指客观存在本身；例二的“无名”与“有名”则已引入人的因素，指不能（或无法）被“名”称与能够（或已经）被“名”称的宇宙初始态；进一步，既然是站在人的角度而言，那人必须始终保持虚静无欲的心境才能体察到天地变化的微妙；同时，又只能在有欲有动的现实状态中才能去追溯万物变化的归终。“无欲”与“有欲”虽有不同的称谓，但又都同出于“玄”，故都可称为“玄”。

在本章中，作为“常道”的“道”，与后面的作为天地万物根源和母体的“无”与“有”之间，并没有直接的联系。但如果引入《老子·二十五章》的“有物混成，先天地生，……周行而不殆，可以为天下母，吾不知其名，字之曰道”，将“道—母—先天地”联系起来理解，“道”便可以既是“无”又是“有”，“无名”与“有名”、“无欲”与“有欲”都同出于“道”，从而与作为归结的“玄之又玄”同义。

2. “道德”合论下的“道”“无”“有”

道是宇宙的最后根源，在《老子》是可以成立的。但它与“无”和“有”到底如何关联并生成万物，就不能只看《道经》，还须联系属于《德经》的另外两章的内容来综合分析。

《老子·四十章》：

……天下万物生于有，有生于无。

《老子·四十二章》：

道生一，一生二，二生三，三生万物。万物负阴而抱阳，冲气以为和。……

将这两章的相关内容联系在一起，是因为二者是《老子》关于宇宙生成问题的集中论述，对中国人了解我们生活的这个世界是从何而来的宇宙观的形成，具有根本性的影响。

在前面第一章（例一），"无"与"有"是并列的，"两者同出"，同生天地万物，相互间并无先后；但在第四十章，天下万物生于有，有生于无，形成了"天下万物——有——无"三个层次，"无"才是根源。

再进入第四十二章，"道生一"的"一"，是原始的统一体，即天地万物未分化前的状态，自然属于"有"的范畴；而"道"产生了此"有"（"一"），联系到第四十章的有无关系，"道生一"也就变形为"无生有"。接下来，便是"有"自身的演化："一"分化为"二"（阴—阳），"二"相互作用而形成"三"（阴—阳—和），"三"再具体生成万物。往后，从被生成之物本身看，既然都是由阴阳冲和之气生成，所以每一物体都是阴阳和气的凝聚体，都是向阳背阴而阴阳冲和的。

那么，通行本第一章的断句虽然是例二的方式，但由于王弼认为"无名"就是"道"处在"未形无名之时"即"无"的状态，这在《老子》自身能够找到依据，即第三十二章的"道常无名"和第四十一章的"道隐无名"，都是以"无名"来形容道的存在，"无名"与"无"的罅缝已经被弥补；而"有"则始于"无"，"始"与"母"则分别被解释为万物的创始与哺育万物生长，也实际形成了先后，第一章与第四十章表述不一致的问题便被消解；从而，"道"作为"无"被人们所理解，"道"与"无"就是同一的概念。王弼立足"以无为本"去解释和定位《老子》的宇宙生成论，在后来成为思想史上流行的见解。

不过，第一章（例一）与第四十章表述的不一致，是一个客观存在的问题。这一问题随着 1993 年郭店竹简的出土，又重新被人们提了出来。《老子》的本意究竟如何，实际上仍然有思考的空间。

郭店本甲三十七简相关文字为：

天下之物生于有，生于无。

按郭店本的文字记述，天下之物既生于"无"也生于"有"，与第一章（例一）"无"与"有"并列为天地万物之始、母是相同的，即不支持王弼的"以无为本"。但是，问题并不这样简单。因为古文并不断句，在金文和简帛文献中，存在当两字连用时，第二个字采用重文符号（如：或⺀）来简洁表示的情形；而这个重文符号在抄写中脱漏了。郭店竹简的校读者便持这一意见。按此说，则郭店本仍然是“天下之物生于有，（有）生于无”，较通行本并无根本性的变化。但是，这一建立在双重假设（本来有重文号；重文号又脱漏）上的观点能否成立，本身又留下了新的疑问。

此外，除了不同版本因文字差异引起的疑问外，断句不同也会产生理解上的差别。如第四十二章的另一种有趣的断句方式：

道，生一一，生二二，生三三，生万物。……

这一断句方式比较奇特，但也不完全意外，主旨即是把“道生一，一生二，二生三，三生万物”的道间接生万物，变成了此种断句方式下的道直接生万物。而关于一一、二二等的连用及含义，在后来也有呼应者，比方南宋朱熹的弟子蔡沈著《洪范皇极·内篇》，便提出了一个九九归一圆周数图，以说明一年之中不同季节阴阳之气的变化。其称：“一数之周，一岁之运也；九数之重，八节之分也。一一，阳之始也；五五，阴之荫也；三三，阳之中也；七七，阴之中也。二二者，阳之长；四四者，阳之壮；五则阳极矣；六六者，阴之长；八八者，阴之壮；九则阴极矣。”蔡沈此说，属于由“河图”“洛书”学而来的后天八卦。圆周由“一数”开始一岁的运行，从一一到九九的“九数”的重合与春夏秋冬及二至二分的“八节”的划分，中心都是说明天时历象的变化，即从冬至（一一）阳生开始，到立春（二二）阳长，再到春分（三三）阳中，直至九九归一又回到冬至阳生的一年四季和节气的轮替消长，是完全符合天道运行的规律的。此即所谓“后天而奉天时”也。

### （二）《德经》释例

《德经》部分共四十四章。《德经》虽然突出论“德”，但并非不讲“道”；正如《道经》论“道”，也同样要议论“德”一样。这本身只是一种大致的划分，而不能死板僵化地去对待。譬如上面谈到的从第四十章到第四十二章，主旨都在论“道”便可以明白。

1. 道、德、仁、义、礼的退行“道德”观

唐代中叶，儒家思想代表韩愈为批判佛老，提出了思想史上著名的“仁与义为定名，道与德为虚位”的重要观点，以便使儒家的“仁义道德”与“去仁与义之言”的老子“道德”区别开来。那么，在《老子》中，“道德”是否去除了仁义，或者说道德与仁义的关系究竟是怎样的呢？

《老子·三十八章》：

上德不德，是以有德；下德不失德，是以无德。上德无为而无以为，下德为之

而有以为。上仁为之而无以为，上义为之而有以为，上礼为之而莫之应，则攘臂而扔之。故失道而后德，失德而后仁，失仁而后义，失义而后礼。夫礼者，忠信之薄而乱之首。前识者，道之华而愚之始。是以大丈夫处其厚，不居其薄；处其实，不居其华。故去彼取此。

此章是通行本"德经"的开始。"德"在古时和今天，都是一个基本词汇，但与如今通常是在伦理道德的意义上论"德"不完全相同，《老子》这里的"德"主要指一种由"道"而来、人"常得"而不失的自然心理。德者，"得道"也。在"道"的自然状态失散之后，自上德到下德、上仁、上义、上礼，表现为一个人的意识和主动性的逐步增强，然在社会效应上却是相应退行的过程。

那么，老子的"道德"不是去除仁义，而是蜕化为仁义；而仁义一旦成立，也就意味"道德"的离去，在此意义上，可以说是离道德而言仁义。仁、义包括礼，本系人的主动性的行为。随着人的主动性的增强，生活的现实离初始的"道德"越来越远，自然状态经"无以为"（无为）到"有以为"（有为），结果走向了完全强制性的人为（礼）。所以，《老子》的观点是：不以为德反而有德，执着于德反而无德；无心而作为优于有心去作为。那么，道—德—仁—义—礼的步步退行，实际也体现了《老子》重"道德"的历史观。这里并不存在儒家所崇尚的仁德纯美的上古社会，仁义教化和礼治秩序的兴起正是对忠信浇薄而人心淆乱的社会状态的现实写照。礼治社会不但不值得赞美和向往，而且应当被谴责和批判。

另外，可以从《老子・二章》揭示的"天下皆知美之为美，斯恶已；皆知善之为善，斯不善已"的善恶相生方法论原则逆推，即如果社会风俗纯美，民心安泰，仁、义、礼等根本就不会有产生的机会。那么，儒家提倡仁爱和德行的示范，在《老子》这里正是社会缺爱、缺德的表现。

由德行推广到知觉智慧，《老子》以为主观臆测的先知先觉表现的只是道之浮华和愚昧的开始。在此情形下，儒道两家所欣赏的"大丈夫"的品格就会完全不同。在《老子》，应当是敦厚、朴实，而不能轻薄、浮华。所谓"去彼取此"，直接的文意是去浇薄、浮华，而取敦厚、朴实。但也不妨引申一下，在孟子之后，道家要去儒家"富贵不能淫，贫贱不能移，威武不能屈"的"大丈夫"，而取《老子》自身"无为而无以为"的敦厚、朴实的"大丈夫"。儒道两家在人格塑造和价值选择上表现出了明显的差异，儒家是刚健有为，道家是厚朴无为。

2. 柔弱胜刚强

道、德、仁、义、礼是退行的，但《老子》不是只讲退行，也讲发展，其典型的观点就是柔弱胜刚强。

《老子·七十六章》：

> 人之生也柔弱，其死也坚强。草木之生也柔脆，其死也枯槁。故坚强者死之徒，柔弱者生之徒。是以兵强则灭，木强则折（兵）。强大处下，柔弱处上。

《老子·七十八章》：

> 天下莫柔弱于水，而攻坚强者莫之能胜，以其无以易之。弱之胜强，柔之胜刚，天下莫不知，莫能行。是以圣人云："受国之垢，是谓社稷主；受国不祥，是谓天下王。"正言若反。

老子观察人的生命过程和自然万物的发展变化，最重要的经验就是柔弱者生而刚（坚）强者死，所以柔弱者是生之徒，坚强者是死之徒。他十分痛惜这一点不能为天下人所真正了解。事物的发展，在《老子》看来是从小到大、由弱变强；而一旦变强，又必然会转向衰老枯槁。《老子》的这一思想贯穿全文，从第三十六章的"柔弱胜刚强"，到第五十五章的"物壮则老"，再到上面的两章，都体现了老子既贵柔守弱又称颂事物发展的基本立场。新生事物尽管起初看起来是那样的柔弱，但它最终是不可战胜的。

正是因为如此，老子辩证法的特色就在于"贵柔"，老子对柔弱一方给予了极大的关注。它既体现了老子对生者柔脆而死者枯槁、水至柔而又无坚不摧的自然规律的概括，也反映了在当时的社会条件下，尚处于柔弱地位的老子对自身的思想学说在未来发展壮大的前景的期待。

同时，从第三十九章的"是以侯王自称孤、寡、不穀（谷）"到第七十八章的"受国之垢，是谓社稷主；受国不祥，是谓天下王"，也表明了老子对于统治者如何才能保持自身地位而提出的忠告。"正言若反"，也可以说是"反言若正"，只有能承受最大的屈辱，才能享有最大的福佑。

但也应看到，老子对于柔弱一方过分的强调也有局限。因为柔弱胜刚强只是从发展的趋势和宏观全局看是如此；在相对确定的环境和发展空间，情况则不一定，柔弱者被刚强者所压服也是常见的情形。

## 四、《老子》与道教、佛教的关系

《老子》本来是先秦道家学派的经典，但在后来的发展中，作为宗教的道教与外来的佛教都从中吸取资源，《老子》自身也成了道教的经典。那么，本来是世俗文化和非宗教典籍的《老子》，又如何与宗教挂上了钩呢？

### （一）《老子》与神仙道教

诸子各家之中，《老子》以“道”为宇宙本原并由此构筑起系统的哲学理论，为后来道教的崇道提供了最重要的思想资源。在道教的系统中，《老子》又被称作《道德真经》。

但是，道教作为宗教，其根本点是追求得道成仙、长生不死。《老子》五千言的全部文字，并没有讲述这一方面的内容。道教要想从《老子》中吸取资源，就需要对《老子》的文字做出有利于自己宗教追求的解释。这方面的一个典型事例，就是重释“长生久视”之道。

“长生久视”出自《老子·五十九章》，内容是说：应承天道治理国家和人民，要厚积德，德厚则无所不能，力量无穷尽。这是国家得以安定的根基，所以是“深根固柢、长生久视之道”。那么，这里的“长生久视”是指享有国祚的长久，并非意味人的生命常在。王弼注本的大意也是如此。但严遵注本与河上公注本都属于道家系统的隐士的作品，他们在“国身同”的前提下，认为爱惜守护人的精神，便可以使生命长久，“身常存”也。不过，在文本上，严遵注本与河上公注本都没有解释“久视”的“视”是何意。

在严遵注本与河上公注本出现前，由于《老子》经文本身的流传和影响力，“长生久视”作为一个词组已在其他文献中出现。《吕氏春秋·重己》便有如下一段话：

> 世之人主贵人，无贤不肖，莫不欲长生久视，而日逆其生，欲之何益？

《吕氏春秋》是战国末年秦国丞相吕不韦召集门下宾客编写的杂合各家的作品，但思想主旨属于道家，养生重生是其中的重要组成部分。这段话是说：世上的王侯和公卿大夫，不论是贤才还是不成材之人，没有不想要长久活着的，但他们每天干的都是违背自己生道之事，这种长生又有什么益处呢？文中，虽然只是运用“长生久视”而没有解释其字义，但整句话及《重己》全文的中心，是讲看重自己的生命，讲如何才能养生和长生。“久视”与“长生”互文，“视”就是生存、活着之意。所以，东汉末高诱注《吕氏春秋》，便直接称：“视，活也。”在后来，“长生久视”在道教的解释就是“长生久活”，《老子》之语也因之成为讲求长生的神仙道教的经典依据。

例如，道教神仙理论的主要奠基人之一葛洪，他著有《抱朴子》，便直接称“老子以长生久视为业”，“长生久视”已成为老子本人的基本追求和志向所在了。换句话说，葛洪认为，《老子》书的宗旨就是铺陈长生久视的。所以，修得“仙道”的最高表现，就是“长生久视，天地相毕”。由此，《老子》已经由学派的经典变成宗教的教典了。事实上，利用和改造《老子》及神化老子并以其为教主，为道教的最终成立奠定了重要的根基。

### （二）《老子》与初传佛教

佛教作为外来文化，要想在中国本土落地生根，寻找类似的思想资源是不可缺少的步骤。《老子》注重虚静无为之道，与佛教的观念有相似之处，故被初传的佛教引为同盟。这从中国学者研究佛教学术的最早成果、东汉末三国时期的牟子《理惑论》便可见一斑。

《理惑论》的基点就是以“道”的概念来统一儒释道三教，佛教由此也就成为“佛道”。而牟子之于佛道，是利用国人熟悉的《老子》对于道的规定来进行描绘的，其“佛道”的规定与老子的无为之道并没有实质性的区别；同时又与“孔子以五经为道教”相磨合，既讲虚、无，也说实、有，以为道是“有物混成”，“可以为天下母”，“居家可以事亲，宰国可以治民，独立可以治身”。如此“立事不失道德”和“天道法四时，人道法五常”之道，显然又把“有”的层面统合了进来，构筑起一种新的有无之辨。

但关键的问题是，还在佛教的身灭神存、灵魂转世等观念如何能与《老子》思想相结合，牟子引证的《老子》之言是：

> 《老子》曰：“吾所以有大患，以吾有身也；若吾无身，吾有何患?”又曰：“功成，名遂，身退，天之道也。”

牟子所引语句，源自《老子》第十三章和第九章。但是，《老子》所讲的有身、无身、身退，是讲以自然无为之心对待自身所受之荣辱得失，即置身于荣辱得失之外之意。因为作为人道所效法的天道，它本有阴晴圆缺、四时代谢，所以人们就不能只知执着进取，而不知退守保全。

因而，不论是讲无身还是退身，固然也有入世与出世的不同思考角度，但与牟子想要说明的“人死当复更生”和“得道身灭”却没有任何关系。“吾无身”绝非“无”（灭）人的肉身，而只是让身心合一的“吾”脱离物质利益的缠绕，老子在根本上是看重人的自然生命的。他希望“使民重死而不远徙。虽有舟舆，无所乘之；虽有甲兵，无所陈之。使人复结绳而用之。甘其食，美其服，安其居，乐其俗”（《老子・八十章》）。而且，正是为了保全人的自然生命，才需要人及时从社会中抽身。

那么，《老子》与佛教的关系就有两方面：一方面，《老子》的思想被牟子引为同道，佛老相互发明，缓解了外来文化与本土学术的冲突，《老子》在向中国民众灌输“佛道”的概念和缓解佛教传入中土所面临的理论困难方面，发挥了自己的历史作用。而且，即便后来佛教已扎根于中国社会，佛教对于神仙道教持严厉批判的态度，但对于包括《老子》在内的原始道家思想，仍然是予以认可并吸收其有利于自己的观念的。另一方面，牟子将老子的退身以保身改换为退身即灭身等等，从根本上讲是不符合《老子》的思想的。这说明初期佛教虽然在总体上混同于黄老学术，但在具体问题上已经开始了对《老子》思想的改造，以使之适合佛教自身理论发展的需要。

总之，《老子》展示了中国哲学系统中最早的思辨哲学的理论。与儒、墨等家立足社会现实建构自己的思想理论不同，它是以自己独特的睿智，率先发明了有为世界背后的无为和抽象层面的理论的价值。在非宗教或世俗哲学的层面，《老子》与《周易》后来都成了玄学兴起的首要思想资源，因为它们代表了先秦思辨哲学的最高水准。《老子》的“道”与《周易》的“太极”后来走向合一，“反者道之动”与“生生”不息在总体上亦相通。当然，《周易》的主导倾向是刚健主动和阴阳互补，与老子单向度的贵柔守静又有不小的差别。

### 思考题

1. 《老子》《道德经》《德道经》之间是什么关系？
2. 《老子》如何发明“道”“德”？
3. 《老子》与道教、佛教有何关系？

## 第二节　庄子

庄子（庄周）是老子之后道家学派影响最大的代表。道家学派的发展，在老子以后，主要有托名黄帝的黄老道家和庄子系的道家两大派。黄老道家在先秦和汉初影响较大，汉以后则逐渐衰落，庄子一派则逐渐发展了起来。在推崇道教的唐代，庄子被唐玄宗封为“南华真人”，《庄子》书也相应升格为《南华真经》。

但是，《庄子》这部书是否就是庄子本人所写，或者哪些篇目为他所写，历史上一直存在着争议。但从魏晋以后该书的实际流行和社会影响看，将《庄子》作为一个整体来认识和了解是符合实情的。

### 一、《庄子》之书及其篇目

司马迁在《史记·老子韩非列传》中附记有庄子的事迹，说庄子“其学无所不窥，然其要本归于老子之言。故其著书十余万言，大抵率寓言也”。据此而能得知的信息：一是庄子学术涉及的领域极其广泛，但其要旨仍不出《老子》所开辟的道路；二是庄子著书有十余万言，但其撰写通常不是正面陈述，而是采取寓言的形式。不过，司马迁当时阅读的《庄子》这“十余万言”，与后来传世的《庄子》，无疑存在一定的差别。

《庄子》的篇目，班固《汉书·艺文志》著录《庄子》五十二篇。但今天我们看到的《庄子》，是西晋郭象的《庄子注》本，一共有三十三篇（亦为三十三卷），远远不够“十余万言”。其中，内篇七篇，外篇十五篇，杂篇十一篇。这在唐初陆德明的《经典释文·序录》中就讲得很清楚了。但是，陆德明同时还记载了魏晋时期许多其他的《庄子》注本，如崔撰、向秀、司马彪、孟氏等人的注本，只是这些早已见不到了。

按陆德明的记载，班固所称的《庄子》五十二篇，与司马彪、孟氏的注本是相合的。他说：

> 《汉书·艺文志》“《庄子》五十二篇”，即司马彪、孟氏所注是也。言多诡诞，或似《山海经》，或类占梦书，故注者以意去取。其《内篇》众家并同，自馀或有《外》而无《杂》。惟子玄所注，特会庄生之旨，故为世所贵。徐仙民、李弘范作《音》，皆依郭本。今以郭为主。（《经典释文·序录》）

陆德明这段话，提供了几个重要的信息：（1）同于司马彪、孟氏注本的五十二篇《庄子》，“言多诡诞，或似《山海经》，或类占梦书”；（2）由于不同“注者以意去取”，五十二篇最终变成了三十三篇；（3）《庄子》书有内、外、杂篇三部分，而“《内篇》众家并同”；（4）各家注《庄子》书中，郭象（子玄）注本“特会庄生之旨，故为世所贵”。

据此，首先，就《庄子》书的内容而言，“言多诡诞，或似《山海经》，或类《占梦书》”说明了《庄子》书的性质和特色，与司马迁所概括的“皆空语无事实”“大抵率寓言也”是一致的。其次，《庄子》书分为内、外、杂篇三部分，其中《内篇》部分，不同的《庄子》注本保持了一致性；第三，到唐初，郭象注的三十三篇本《庄子》，已成为各家倚重的版本。可这里留下的问题，一是《庄子》分内、外、杂篇并非一开始就是如此，学者推断是西汉中后期的经学大家刘向编校《庄子》时确定的。至于他为何这样划分，原因后已不详。二是学界后来的流行见解认为内篇七篇（《逍遥游》《齐物论》《养生主》《人间世》《德充符》《大宗师》《应帝王》）为庄子自著，其他外、杂篇都出于庄子后学，但这一见解本身是后起的，司马迁当时便不这样认为，按他在《史记》中所列举，庄子“作《渔父》《盗跖》《胠箧》，以诋訿孔子之徒，以明老子之术。《畏累虚》《亢桑子》之属，皆空语无事实”。司马迁所举的《庄子》篇目，均不在内篇中，而属于外、杂篇的系统。因而，我们这里也不做这样刻意的划分，而是将庄子本人和庄子学派视为一个整体，《庄子》是他们共同的作品。

不过，三十三篇本《庄子》文本早在郭象之前就存在了。高诱注《淮南子·修务》

篇时，就已称："庄周作书三十三篇，为道家之言。"当然，高诱所见的三十三篇本《庄子》是否就是郭象注本的《庄子》，则没法印证。这里更大的问题是，署名郭象的三十三篇本《庄子注》究竟出于何人之手？这一问题在历史上争论了上千年。郭象是否将向秀的《庄子注》"窃以为己注"，在学术史上已成为一大公案，历来说法不一。在《世说新语·文学第四》、《晋书》之《向秀传》（卷四十九）与《郭象传》（卷五十）中有相关的记载。我们这里不对此问题进行讨论，而采郭象《庄子注》在总体上也反映了向秀思想的一般看法。

## 二、庄子与《庄子》

庄子和《庄子》在历史上的地位，有一个变化的过程。庄子活动于战国中期，司马迁说"与梁惠王、齐宣王同时"，也即与孟子处于同一时代，但未见双方有所交集。《庄子》书不论是庄子自著还是庄子后学编成，在先秦时期尚未产生特别大的影响。庄子和《庄子》受到重视，与魏晋玄学的兴起密切相关，在其后更有道教的推动。

### （一）"老庄"之称

"老庄"的称谓在今天十分流行，以至于使人们形成了一种道家就是老庄的认识。但这并非一开始就是如此，而是相对晚起的。

先秦道家支派颇多，庄子及其学派只是老子学说的后继者之一，且地位并不显。当时流行的主要是后来所称的黄老一派。战国中后期影响很大的稷下道家，大体都统属于黄老的系统。事实上，按《庄子》书自己的概括（见《庄子·天下篇》），是在"道术将为天下裂"的战国时期，天下"百家之学""裂"成了墨家、宋钘-尹文派、彭蒙-田骈-慎到派、关尹-老子派、庄子派和以惠施为代表的名家等六派。在这六派中，除了墨家和名家相对独立外，其余诸家泛而言之，都可笼统归属于道家，由此可见先秦道家兴盛的局面。

但是，道家的兴盛不等于"老庄"的流行，一则"老"与"庄"在这里是并列的学术，庄子派只是诸家之一；二则《天下篇》中没有提到的黄老道家，反倒成了战国末至汉初最为流行的道家学派。司马迁父亲司马谈著《论六家之要指（旨）》，列举了先秦学术的六个主要派别，即阴阳、儒、墨、名、法、道德六家，并分别评述了六家学术的特征和除"道德家"外的其余五家之短长。司马谈认为，能够统合其他五家之长的，是集其他五家之大成的"道德家"，而"道德家"正是黄老道家的另名。司马迁承接其父并将《论六家之要指》发表了出来。也正因为如此，班固批评司马迁是"是非颇谬于圣人，论大道则先黄老而后六经"（《汉书·司马迁传》）。班固维护和坚守儒家正统立场暂且不论，但这从侧面说明，直至东汉初年，代表道家之学的仍是“黄老”而非“老庄”。

从名言和称谓上看，“老庄”并提，开始于西汉初的《淮南子》。《淮南子》中，有为全书各篇作提要的《要略》篇，该篇概括《道应》篇的文字是要“考验乎老庄之术”的。但是，《淮南子》中虽出现了“老庄”一言，但这称谓在当时并不普遍。学界泛言“老庄”，比这要晚很多，到魏晋时候才流行开来，可以说是曹魏集团和魏晋玄学家的功劳。曹植《七启》云：“窃慕古人之所志，仰老庄之遗风。”嵇康《幽愤诗》则曰：“托好老庄，贱物贵身。志在守朴，养素全真。”从建安文士到竹林七贤，伴随着玄谈风气和玄学的兴起，嵇康好友向秀作《庄子注》，后郭象续其注，从此奠定了庄子和《庄子》在中国历史中的重要地位，影响了后来整个中国思想文化的发展。在这一时期，士人不仅并称“老庄”，甚至还有“庄老”之称，从《庄子》出发去贯通“老庄”，仅此亦可见庄子学说的风靡和流行。

### （二）《庄子》的地位

庄子和《庄子》，在战国时期地位并不高，后来地位的上升，在根本上要归功于魏晋学风的转变和玄学的兴起。《庄子》作为魏晋玄学的理论来源之一，本身有一个被再发现和再认识的过程。魏晋时期号称的“三玄”——《周易》、《老子》和《庄子》，起初亦只有“二玄”即《周易》与《老子》。《周易》讲有，《老子》言无，“有无相生”，便可以掀起玄学之波澜。

然而，魏晋学术要向前推进，经典资源如果只限于《易》《老》以及不在此“玄”中的《论语》，就会显得困难。因为孔子与老子作为儒道两家的圣人，王弼虽然以“圣人体无”和“老子是有”在“有无之辨”的最高层次划分出了等次，但对于常人来说，其层次和境界都太高，难以成为人生观的指导，故必须要有次一级的层次。从日常生活层面讲自然无为、放逸旷达、自生独化等问题，就只有《庄子》最为合适。

东晋时期，太尉庾亮曾问年仅 18 岁的孙盛之子孙放，为何“不慕仲尼而慕庄周”？孙放回答说：“仲尼生而知之，非希企所及；至于庄周，是其次者，故慕耳。”（《世说新语》上卷上《言语第二》）一席话使得在座者以为即便是王弼在世，亦不能胜之。从王弼安顿孔老高下，郭象习称“庄老”，再到孙放言孔庄亲疏，说明了庄子地位的上升是与孔、老、庄分别适应不同的理论需要相适应的。

所以，在向秀、郭象生活的魏晋时期，《庄子》书颇为士人所喜爱，注《庄子》者蜂起，以至于有几十家之多。到东晋，不但有继续从道家、儒家出发注《庄子》之人，亦有从佛教出发去注解《庄子》者，儒释道三教学者都对《庄子》产生了浓厚的兴趣。

当然，《庄子》比之《易》《老》而后兴，也有其内在的缘由。玄学的开创者何晏、王弼，史载均“好老庄言”，但他们均未注解《庄子》。按照后来东晋名士王坦之的归纳，庄子因其言论多失于片面，是不能与孔、老相比的，故“荀卿称庄子‘蔽于天而不知人’，扬雄亦曰‘庄周放荡而不法’，何晏云‘鬻庄躯放玄虚，而不周乎时变’，三贤之言，远有当乎！”庄子的放荡玄虚在天下善人少、不善人多的情况下，是“利天下也少，害天下也多”；“虽可用于天下，不足以用天下人”（《晋书》卷七十五《王坦之传·废庄论》引何晏语）。事实上，《庄子》中大量的诋毁尧、舜、禹、汤、孔子之言，如果不得到妥善处理，是很难满足社会各阶层人士的需要的。或许，嵇康一类名士，也正是过于沉溺于庄子的玄虚而未能解决好如何应对险恶的社会现实问题，才终招致不测。而向秀入洛回答司马师的“巢、许狷介之士，不足多慕”（《世说新语》上卷上《言语第二》），在一定程度上是意识到了“玄虚”如何才能“周乎时变”的问题，开始了对《庄子》“放荡”思想的限制和改造，最后经由郭象之手完成了这一融合儒道、消解自然与名教矛盾的历史任务。

### （三）《庄子》的思想

《庄子》在魏晋以后，与《老子》一起成为了道家和道教的经典著作，作为人物的“老庄”与作为著作的《老》《庄》都往往被并提。在思想层面，《庄子》对《老子》有继承发挥的关系，但也有不同于《老子》而完全出于新创的学说。

1. “本根”与“一气”——《大宗师》《齐物论》《知北游》

庄子认同“道”是天地万物的“本根”。后来成为宇宙本原的“太极”，在这里则是次于道的概念：

> 夫道有情有信，无为无形；可传而不可受，可得而不可见；自本自根，未有天地，自古以固存；神鬼神帝，生天生地；在太极之先而不为高，在六极之下而不为深，先天地生而不为久，长于上古而不为老。（《庄子·大宗师》）

道是无为无形的，人不能直接把握，但它却是产生天地万物并使鬼和上帝神奇的根源。但与《老子》不同的是，《庄子》并不将“道生万物”与“无生有”直接联系，难以捉摸的“无”不能等同于“有情（实）有信（真）”的道：

> 有始也者，有未始有始也者，有未始有夫未始有始也者。有有也者，有无也者，有未始有无也者，有未始有夫未始有无也者。俄而有无矣，而未知有无之果孰有孰无也。今我则已有谓矣，而未知吾所谓之其果有谓乎？其果无谓乎？（《庄子·齐物论》）

因为“有”与“无”在庄子看来都是难以定义的概念，无法将它们确定为宇宙的开始。做一个假设的推论：如果有之前是无，那无之前也就还会有“这个无都还没有”，如果一直向前推，结果只会导致我们连这个有和无本身是有还是没有（无），都弄不清楚。如此的无穷追问就是徒劳的和没有意义的，庄子论宇宙的生成也就只讲道而不谈无。

万物既由道而生，也就都可以归属于道。但就万物的现实存在和往复变化来说，“万物一”的基础却是“气”：

> 生也死之徒，死也生之始，孰知其纪！人之生，气之聚也。聚则为生，散则为死。若死生为徒，吾又何患！故万物一也。是其所美者为神奇，其所恶者为臭腐。臭腐复化为神奇，神奇复化为臭腐。故曰：“通天下一气耳。”圣人故贵一。（《庄子·知北游》）

不论是生与死还是神奇与臭腐，都是气化流行的自然过程。《庄子》以气的基础和聚散的机制解释万物的生存变化，是中国最早的气统一论思想，尤其是提出了“通天下一气耳”的经典的气论命题，万物的统一实际上在于“一气”的统一。但在《庄子》，气的统一与道的本原是两个层次，并不互相冲突，这与大致在同一时候的道家别派（宋尹派或黄老派）的著作《管子·内业》等篇以“精气”为万物本原的思想有所不同。

2. 物无彼此与“以道观物”——《齐物论》《秋水》

《庄子》想象丰富，内容奇特，讨论了多种问题，比如认识和真理的相对性，在多个篇章中都有反映。

《齐物论》说：

> 物无非彼，物无非是。自彼则不见，自是则知之。故曰：彼出于是，是亦因彼，彼是方生之说也。虽然，方生方死，方死方生；方可方不可，方不可方可；因是因非，因非因是。是以圣人不由而照之于天，亦因是也。是亦彼也，彼亦是也。彼亦一是非，此亦一是非，果且有彼是乎哉？果且无彼是乎哉？彼是莫得其偶，谓之道枢。

人们认识事物，都是立足于不同的角度，“彼”与“此”便是立足自己和他者的角度而言。但实际上，变换不同的角度，彼与此（是）、生与死、可与不可以及做出判断的是与非，它们本身都是相互依存的，并没有绝对的彼此或是非。故与人们一般要求知识的确定性不同，庄子的目的正是要消解这种确定性，强调事物的不确定性和非绝对性的一面。关键在认识到彼与此实际都没有自己确定的对立方，道的枢纽就在这里。

由“彼亦一是非，此亦一是非”而来的庄子对彼此、是非确定性的消解，是以他在本体论上讲道的无差别界限为根据的。“道未始有封，言未始有常”（《庄子·齐物论》），道从根本上说就是没有界限的。人们之所以对世界有不同的认识，根本上还是立足点和视野不一样。

《秋水》说：

> 以道观之，物无贵贱；以物观之，自贵而相贱；以俗观之，贵贱不在己。以差观之，因其所大而大之，则万物莫不大；因其所小而小之，则万物莫不小。知天地之为稊米也，知毫末之为丘山也，则差数睹矣。

“以道观之（物）”和“以物观之”的不同出发点，导致了不同的认识结果，大小、有无、东西的相反，都是因局限于物的视角造成的。譬如从物与物之间的差别即量的关系去看，那大有更大，小有更小，万物既可以说是大，也可以说是小，大与小的差别便没有意义。进一步，有大才有小，无小亦无大；有东便有西，无西亦无东。所以不应该束缚于“物”，而应该上升到“道”的高度，以道观物，万物都是道的子孙，也就无所谓是非、彼此、贵贱的差别了。

3.“乘道德而浮游”——《逍遥游》《山木》

以庄子的生活履历来说，他比老子更多地接触到社会的下层。下层民众艰辛的生活和悲哀的命运，使他更加深切地感受到客观必然对人性、人生的压抑，更加希望摆脱外在的束缚和强制，以便获得心灵的自由和慰藉。他的“逍遥游”就是如此一种心态下的产物。

《逍遥游》称：

> 惠子谓庄子曰：“吾有大树，人谓之樗。其大本拥肿而不中绳墨，其小枝卷曲而不中规矩。立之涂，匠者不顾。今子之言，大而无用，众所同去（弃）也。”庄子曰：“……今子有大树，患其无用，何不树之于无何有之乡，广莫（漠）之野，彷徨（纵任）乎无为其（之）侧，逍遥乎寝卧其下。不夭斤斧，物无害者，无所可用，安所困苦哉！”

“无用”是对已凝固化的实用价值——大树当为好的建材而言。但若换一个角度，“无用”就意味不被斤斧所害，不会有外界的强制征用，没有任何利害牵连，实际获得了最大之用，哪里还会有困苦和无用的忧虑呢？人与物都可以安然自由地逍遥了。

不过，“无用”引出的逍遥，似乎并不是那么惬意，面临的是十分沮丧的前景。

《山木》记载：

> 庄子行于山中，见大木，枝叶盛茂，伐木者止其旁而不取也。问其故，曰：“无所可用。”庄子曰：“此木以不材得终其天年。”夫子出于山，舍于故人之家。故人喜，命竖子杀雁而烹之。竖子请曰：“其一能鸣，其一不能鸣，请奚杀？”主人曰：

"杀不能鸣者。"明日，弟子问于庄子曰："昨日山中之木，以不材得终其天年；今主人之雁，以不材死。先生将何处?"庄子笑曰："周将处乎材与不材之间。材与不材之间，似之而非也，故未免乎累。若夫乘道德而浮游则不然，无誉无訾，一龙一蛇，与时俱化，而无肯专为。一上一下，以和为量，浮游乎万物之祖。物物而不物于物，则胡可得而累邪!

由于成材（才）者会被社会强制征用，不成材者好像能够"以不材得终其天年"；然"主人之雁，以不材死"，无材者因其"无材"首先成了牺牲品；于是，"处乎材与不材之间"似乎更稳妥，然也只是"似之而非"，在材与不材的缝隙中生活终究是"未免乎累"。

要走出这一困境，就只能是"乘道德而浮游"，期待超脱利害强求而随顺自然变化，以便在虚无的境界中自由自在地遨游。这体现的是驭物而不被物所驭的超然图景，"累"自然也就不存在了。

如此在虚无玄想中与"道德"合一的神秘精神追求，在《庄子》正是使人真正摆脱了一切外来的和自身的牵累的"逍遥游"。《庄子》开出的奇特玄想的理想社会图景，给了后来人十分丰富的遐想。因为无人不想摆脱诸如是非、得失、祸福、生死等各种矛盾的困扰，以求得精神的舒适和安宁。庄子比之老子，要更适合为普通民众提供人生观的指导，更容易使人体会如何从日常生活层面去追求自然无为的境界，讲究放逸旷达的心神，超越有限，自娱自适。至于庄子所描绘的"不食五谷，吸风饮露，乘云气，御飞龙而游乎四海之外"(《庄子·逍遥游》)的神仙境界，更是成为道教理论建构所不可缺少的精神食粮。

### 思考题

1.《庄子》著作有什么特点?
2.《庄子》和"老庄"是什么关系?
3. 比较《庄子》与《老子》"有无"论的同异。

## 第三节　墨子

墨子（墨翟）生活的确切年代在历史上不是很清楚，司马迁没有为墨子立传，只是在《孟子荀卿列传》的结尾附记了一段话说："盖墨翟，宋之大夫，善守御，为节用。或曰并孔子时，或曰在其后。”从句意来看，司马迁对墨子身世的认知，大体已属于“道听途说”的层面了。

后人对墨子的了解，令人印象最深刻的，并不是源自《墨子》的著作，而是孟子和韩非子的评说。孟子和韩非子都是墨子学说的反对者，但二人的立意和面对的场景都不同：孟子有感于“天下之言不归杨，则归墨”的杨朱与墨子学说“盈天下”的情形，指斥“杨氏为我，是无君也；墨氏兼爱，是无父也。无父无君，是禽兽也”。故鉴于“杨墨之道不息，孔子之道不著”，他要奋起“距杨墨”，为孔子之道亦即自家学术争地盘。

与孟子的愤懑不同，生活于战国末年的韩非子，则将儒家与墨家都称为“世之显学”，辛辣讥讽“孔子、墨子俱道尧、舜，而取舍不同，皆自谓真尧、舜，尧、舜不复生，将谁使定儒、墨之诚乎？……故明据先王，必定尧、舜者，非愚则诬也”（《韩非子·显学》）。从法家强调“参验”的效果验证层面看，儒学、墨学的“明据先王”，都属于可笑的“愚诬之学”。

孟子和韩非子生活于战国中、晚期，墨子早已先他们故去，儒、法各家批判的对象，便集中在墨家后学传扬的和寄存于《墨子》书中的“墨翟之言”。

## 一、《墨子》的篇目与版本

关于《墨子》的篇目及作者，《汉书·艺文志》的记载是：“《墨子》七十一篇。名翟，为宋大夫，在孔子后。”班固校正了司马迁的疑问语气，确定墨子的活动在孔子之后，《墨子》有七十一篇。但是，班固并未确指《墨子》为墨翟自撰。《汉书·艺文志》之后，《隋书·经籍志》则明言“《墨子》十五卷、目一卷，宋大夫墨翟撰”，即在唐人这里，墨翟就是《墨子》的作者。

不过，《墨子》是否为墨子自撰，实际仍存在疑问。到清代学者重新整理此书时，观点已分为二：一方以《四库全书》整理者为代表，认为《墨子》“书中多称子墨子，则门人之言，非所自著”，的确，这是《墨子》非墨子所著的一个重要的理由。进一步，更是认为《墨子》书中还杂有原本不属于墨家的部分。那么，《墨子》为何人所著？这派观点认为是墨子门人后学著录纂集而成，即在墨子去世后，墨子弟子和后学收集墨子的言谈语录和生平事迹材料，并汇总整理而编成了《墨子》一书。与此不同，另一方的观点则认为《墨子》全书包含有墨子自撰的篇章，同时也有大量弟子及后人的作品。但是，今本《墨子》中哪些篇为墨子自撰，哪些篇出自墨子弟子或后学之手，则又有不同的说法。

《墨子》的篇目，《汉书·艺文志》称《墨子》七十一篇，《隋书·经籍志》则只是著录有十五卷，而未讲明是多少篇。但这一著录方式却为后人所继承，《旧唐书·经籍志》

《新唐书·艺文志》《宋史·艺文志》都著录有"《墨子》十五卷，墨翟撰"。今本《墨子》有十五卷，按篇名有六十一篇，按《四库全书总目提要》说，宋《馆阁书目》称《墨子》十五卷六十一篇，正好与此相合。与《汉书·艺文志》相较，整整有十篇不知踪迹。在现存六十一篇中，有八篇只有篇名而无内容，实际我们看到的，只有五十三篇。不过，南宋陈振孙著《直斋书录解题》，称当时又有一种《墨子》传本"止存五十三篇"，篇数同今通行本《墨子》，但今天这五十三篇是否就是陈振孙所说的另本《墨子》，则没法给予肯定的回答。

不过，还在《馆阁书目》和《直斋书录解题》之前，郑樵的《通志·艺文略》著录有"《墨子》十五卷，又三卷"。其中，"十五卷"是承接唐代而来；对"又三卷"则注明"乐台注，《唐志》不载，当考"。这说明郑樵除了"十五卷"本之外，还看到了另外一种《唐志》没有著录的乐台注三卷本《墨子》，并认为需要对此版本进行考证。但这一版本没有流传下来，内容为何已无从知晓了。

从全局上看，自汉武帝推行"独尊儒术"的国策，墨学属于严厉打击的对象，已几成绝学，《墨子》书也很难完整保存和流传。所谓"墨家者流，史罕著录。盖以孟子所辟，无人肯居其名"，四库馆臣如此的推测，应当反映了历史的真相。当然，问题还有另一面，那就是他们也看到了墨子学术和《墨子》书本身的价值，称墨子"能自啬其身，而时时利济于物，亦有足以自立者。故其教得列于九流，而其书亦至今不泯耳"。墨子持身节俭又始终利民济物，确有得以自立之所长，故其学派当时能够与儒道等并立，而《墨子》书虽有缺失，但大体上还是传承了下来。

另外，陈振孙既然说是"又有一本止存五十三篇"，那在他当时，应该还有其他传承下来的或许有更多内容的版本，只是南宋以后就再无消息了。明永乐、正统年间，五十三篇本《墨子》收入《道藏》，为其保存和流传提供了条件。清中叶以后，经学家由治经而兼及诸子，毕沅、汪中、孙诒让等学者对《墨子》重加整理疏解，推崇表彰墨学，《墨子》遂再次引起人们的重视。

## 二、《墨子》的整理与分类

《墨子》的内容十分广泛，可以说是先秦时期涉及面最广的诸子学著作之一，特别是它包含了其他诸子书中罕见的逻辑学和科学技术方面的内容。先秦时期的许多科学技术成就，我们有赖于《墨子》的记述方得以知晓。当然，这部分内容主要是墨子后学或通称后期墨家的作品。

**（一）《墨子》的注本**

在两千多年的历史中，墨学由于在汉以后走向衰微，《墨子》也少有人注解和传播。西晋鲁胜曾集《墨子》中的《经》上下和《经说》上下四篇为《墨辩》并为之作注，但其书亡佚，今仅存其叙文。乐台《墨子注》则彻底失传。直至清乾隆以后，诸子学随着经学的铺展而重新受到关注，不少名家开始留意《墨子》一书，并进行了整理研究。毕沅、汪中都整理有《墨子》的校本，并做了简要注释，但汪中本没有能够流行。此外，孙星衍、王念孙、张惠言等对《墨子》也都有过解说。到晚清，孙诒让以毕沅本为基础，并兼采各本，撰成《墨子间诂》一书，成为通行至今的《墨子》经典注本。

《墨子间诂》在《墨子》本文十五卷、五十三篇之后，新增《目录》《附录》各一卷、《后语》二卷，补充发明墨子的生平事迹、墨学传授与墨子后学情况和前人校注《墨子》的序跋，成为今天《墨子》的主要版本。

**（二）《墨子》的构成与分类**

《墨子》的构成，一部分是记载墨子本人的言行和思想，不论是墨子自著还是弟子们所记，反映的主要是前期墨家的思想；另一部分通常是指《经上》《经下》《经说上》《经说下》《大取》《小取》这六篇，一般称作《墨辩》或《墨经》，反映了墨家的认识论、逻辑学和自然科学方面的内容，主要属于后期墨家的思想。

梁启超的《墨子学案》，依据胡适《中国哲学史大纲》的分组，再加上自己的解说，将《墨子》五十三篇分为如下五大类：

第一类（卷一），共七篇，分为二：《亲士》《修身》《所染》三篇，出于伪托，非墨家言；《法仪》《七患》《辞过》《三辩》是墨家记墨学概要，颇为提纲挈领。

第二类（卷二至卷九），共二十四篇，但《非儒》（下）一篇因没有“子墨子曰”字样，不是记墨子之言，故排除不算，实际是二十三篇。包括《尚贤》《尚同》《兼爱》《非攻》《节用》《节葬》《天志》《明鬼》《非乐》《非命》共十个专题（篇目），是《墨子》的大纲目，均为墨门弟子记墨子之言，《墨子》的主要思想集中反映在这一部分。另外，每一专题各有三篇（含亡佚者），可推知墨家实分为三派，而各记其所闻。

第三类（卷十至卷十一前二篇），共六篇，即《经》上下、《经说》上下、《大取》、《小取》，这即是鲁胜所称的《墨辩》，讲逻辑学；《经》上下当为墨子自著，《经说》上下当为墨子口说，而后学有增补；《大取》《小取》则是墨家后学所著。

第四类（卷十一第三篇至卷十三），共五篇，即《耕柱》《贵义》《公孟》《鲁问》《公输》，是对墨子言论、行事的记载，亦宣传了墨子的主张，体裁与《论语》相近。

第五类（卷十四至十五），共十一篇，如《备城门》《备梯》《迎敌祠》《号令》之类，是专讲守备防御的兵法。四库馆臣认为这一部分“皆兵家言，其文古奥，或不可句读，与全书为不类”，怀疑是墨子后学根据墨子九拒公输般九攻之事，“因采摭其术，附记于末”而成。

《墨子》在先秦诸子中，是比较难读的著作，尤其是第三类的六篇。《韩非子》曾有解说是为了不以文害义，即《墨子》书的文辞朴实是有意为之。考虑到这一情形，梁启超所分《墨子》的五类，如果从阅读的角度，可以重新划分为四类，即：第一类（原第一类前三篇）因属于“伪托”而需要排除，可以不读；第二类（原第一类后四篇）作为墨学概要，具有提携全书的作用，应当先读；第三类（原第二、三、四类）是墨学的纲目和重点所在，需要留心细读；第四类（原第五类）则非急需，因此可以缓读。只有如此，才能真得《墨子》之意。

## 三、《墨子》的内容与思想

墨子最初也是“学儒者之业，受孔子之术”的，但后来因不满于儒家的政治主张特别是儒家尊崇周礼，于是“背周道而用夏政”，创立了与儒家对立的墨家学派。墨子的思想，除散见于先秦和秦汉时的诸家记录外，集中反映在《墨子》一书中。

### （一）十大纲领

《墨子》的基本思想，从上面梁启超的分类中第二类的篇名便可感知（排除针对特定学派的《非儒》），即尚贤、尚同、兼爱、非攻、节用，节葬、天志、明鬼、非乐、非命。由于刚好是十条，又有十大纲领之称。但是这十大纲领并不是平行并列的关系，而是有轻重主次之分的。最核心的一条就是“兼爱”，其他诸条都可以看作“兼爱”在不同层面和角度的应用与推广。

早先，《汉书·艺文志》从墨家的由来出发，揭示墨家的主张并评价其长短。它的基本概括是：“墨家者流，盖出于清庙之守。茅屋采椽，是以贵俭；养三老五更，是以兼爱；选士大射，是以上贤；宗祀严父，是以右鬼；顺四时而行，是以非命；以孝视（示）天下，是以上同；此其所长也。及蔽者为之，见俭之利，因以非礼，推兼爱之意，而不知别亲疏。”班固的《艺文志》虽然是从刘向、刘歆父子的《七略》删改而来，但他应该是能读到七十一篇本《墨子》的，故他所称的“墨家者流”及其基本观念，无疑都出自《墨子》之书。

按班固所说，墨家大概源出于上古主管宗庙的官职。宗庙是用茅草盖顶，杂木为椽，以表示不忘本和节俭。墨子深受这一观念熏陶，反对儒家主张的厚葬久丧，要求节省开支而兴天下之利，着力倡导“节葬”“节用”。这对抑制侈靡浪费之风有正面的意义。“养三老五更”和“以孝示天下”，则通过敬养老人和宣示孝道，展示了《墨子》十大纲领中最为核心的“兼爱”和“上（尚）同”主张，儒家虽然是墨家的反对者，但对“养三老五更”和“以孝示天下”却是完全的采撷，直至清末不衰；也正因为如此，孟子攻击墨子的兼爱主张是“无父”而类同禽兽，其实并不准确。

至于“选士大射”的“上（尚）贤”和“宗祀严父，是以右鬼”（或“明鬼”），前者实际上构成儒家“六艺”的内容之一和重要的政治主张；后者则可在儒家经典《尚书》《诗经》中找到根据，并可与孔子的“敬鬼神而远之”在一定意义上相衔接；接下来的“顺四时而行，是以非命”，说明墨子尊重自然而反对天命，有别于孔子对天命的敬畏和对命运、命定之“命”的认同，认为“命者……非仁人之言也”。不过，墨子反对天命却又畅言“天志”，强调天有意志而能行赏罚，力求立“规矩”以度天下之方圆，重在发挥人的“强”力。当然，墨子的重心，还是落在了“天兼天下而爱之”的“兼爱”思想上。

《墨子》的贵俭、兼爱、上贤、右鬼、非命、上同等主张或纲领，在正统儒家的代表班固这里，都得到了肯定。就形式上与儒家主张有别的“兼爱”、“明鬼”和“非命”来看：

首先，孟子虽然反对墨家“爱无差等”的“兼爱”，但孔子的“泛爱众”与墨子的“兼爱”都表达了普遍的人类之爱即“博爱”的意涵。从战国到秦汉，亦即从孟子之后到班固之前，儒家的主要思想代表——荀子、董仲舒、扬雄和儒家经典《孝经》都直接使用了“兼爱”或“博爱”的语词，并表达出相应的普遍之爱思想，所以“兼爱”实质上并不被儒家所排斥。

其次，儒家虽没有直接的“右鬼”或“明鬼”之说，但儒家的礼乐文化强调“反本报始”和祭拜“祖先”，总体上也可以归于福佑和昭显“鬼”的范畴。

再次，孔子虽敬畏天命，但也强调“知命”，孟子则讲“知命者不立乎岩墙之下”，荀子更是要求“制天命而用之”，表现了应对天命的积极态度和立场。那么，墨子的基本纲领或主张，与儒家并不是根本对立的关系。

班固没有提及《墨子》的“非攻”，而这是《墨子》中十分重要的内容。《墨子》对“非攻”，不仅有理论的阐发，还有“止楚攻宋”一类实践的印证。墨子可以说是古代社会的和平主义者。但“非攻”的基本点仍在于“兼相爱”及其关联的“交相利”，所以班固可能将其归属于“兼爱”主张而不另举。

### （二）墨与儒之异同

关于墨家的短处，班固归结为“见俭之利，因以非礼，推兼爱之意，而不知别亲疏”两条。但这在班固，是“蔽者为之”，即不属于墨子本人之学。

就这两条看，《墨子》中没有“非礼”而只有“非乐”，但考虑到儒家的“乐”事实上归属于“礼”的情形，从立足节俭和反对“礼”的耗费出发，走向对一般礼乐的否定，这是注重礼乐教化的儒家不能接受的；同时，儒家认同“兼爱”的普遍之爱的蕴意，讲“仁者爱人”，但反对“不别亲疏”，爱的推广是“老吾老以及人之老，幼吾幼以及人之幼”的循序渐进的模式。仁爱的品格，既包含普遍之爱的情怀和境界，也注意到由亲及疏、由近及远的现实差别，故与墨家的“兼爱”又有冲突的一面。

“兼爱”作为《墨子》的中心纲领，自古及今得到了人们的认同。孟子“辟杨墨”而对墨子的典型概括就是，“墨子兼爱，摩顶放踵利天下，为之”（《孟子·尽心上》）。只要对天下人有利，哪怕牺牲了自己的一切利益也乐于去实践，这就是墨子的兼爱，或墨子的“仁义”。故后人理解和评价墨子和《墨子》，也都以“兼爱”为基本的标识，并在一定程度上形成了有差等的孔子“仁爱”与无差等的墨子“兼爱”在观念上的对立。

尽管这一对立只是在局部的意义上而不是问题的全部，在儒墨之外的其他诸子如道家、法家等眼中，儒与墨都是同宗尧舜、同扶仁义，即在根本宗旨上是一致的。但在儒家自身，由于“辟杨墨”被解释为“辟异端”和维护儒家正统，故在宣扬自家“仁爱”的同时，对墨家“不别亲疏”的“兼爱”始终保持着警惕。尤其在宋代理学产生以后，“辟杨墨”又被类同于“辟佛老”，因为中心都是严守儒家的正统地位。但是，即便在此时，理学家们仍没有简单否定墨子的“兼爱”。譬如张载自己就讲“爱必兼爱”；程颐那篇很有名的《答杨时论西铭书》，把张载的“兼爱”概括为“理一分殊”，即普遍之爱与亲疏长幼之别的统一。“兼爱”只是在“无义”“无别”的情形下才是不恰当的，批评的并不是“兼爱”本身；王阳明肯定墨子本为世之贤者，其兼爱主张只是“行仁而过耳”，“其流之弊”才被孟子指斥为无父无君的“禽兽”（《答罗整庵少宰书》）。

换言之，孟子“辟杨墨”影响深远，容易使人更多地强调仁爱的差等而突出儒墨之异，但全面地看问题，反倒应该更多注意到儒墨之同。当然，“兼爱”重在突出普遍之爱（博爱），而儒家“仁爱”既讲普遍之爱又注意由亲及疏的差等，双方的区别也不应回避。正是因为如此，进入近代社会，墨子“兼爱”不别亲疏、不分贵贱的特色，适应了中西交汇背景下呼唤平等、博爱的时代要求，深受近代先进人士的青睐。譬如强调“仁以通为第一义”的谭嗣同，便是在墨子“兼爱”的主导下，将孔子的“仁爱”和佛教、基督教的宗教平等观吸收了进来。墨家既与儒家一样是中国仁爱文化的主要代表，又主张爱无差等而与西方的博爱与平等相同，故能够“近合孔、耶，远探佛法”。中西古今之大爱在墨子“兼爱”的怀抱中融合为一，获得了新的生命。

### （三）逻辑学与自然科学

梁启超说，《兼爱》《尚同》等十篇（十大纲领），都是教“爱”之书，是要发挥人类的情感；《经》上下、《经说》上下、《大取》、《小取》六篇，都是教“智”之书，是要发挥人类的理性。“合起两方面，才见得一个完全的墨子”（《墨子学案》，《梁启超全集》第157页）。的确，不了解《墨子》在逻辑学和自然科学方面的探索和成就，就不算真正认识《墨子》。

1. 逻辑学

今天所称的“逻辑学”，在梁启超的时代被译作“论理学”，即讨论说话作文有没有“理”（道理、理由）来支持。但不论“论理学”还是“逻辑学”，都是今人对西文的翻译，在先秦时期，像《墨子》辩论名言概念的学问，因为是辩名，故被称为“辩”、“名辩”或“辩”学。那么，《墨子》是如何“辩”他的“学”的呢？下面试举几例（参考孙中原《墨子解读》）：

例一：对逻辑规律（矛盾律）的认识。

《经上》：

> 辩，争彼也。辩胜，当也。

“辩”就是论辩双方争论某一对象的是非。辩论胜利的一方所持的判断就是符合实际的。

《经说上》：

> 辩，或谓之牛，[或] 谓之非牛，是争彼也。是不俱当，不俱当，必或不当。不当若犬。

“辩”就如同针对某一对象，有人说“这是牛”，有人说“这不是牛”。这是争论同一对象（所做的两个矛盾判断）。但这两个矛盾判断不能同真（俱当）；不能同真，就必有一不真（假）。但这不相当于《经下》和《经说下》有关“知狗”即“知犬”的另一可以同真的判断。

例二：对逻辑推理中的前提和结论、原因和结果之间逻辑关系的认识。

《经上》：

> 故，所得而后成也。

“故”指原因、理由。句意为：“故”即指得到它就能形成某一结果。

《经说上》：

> 故，小故，有之不必然，无之必不然。体也，若有端。大故，有之必然，无之

> 必不然，若见之成见也。

“故”中的“小故”是说：有它，不一定有某一结果；没有它，一定没有某一结果。在今天这被称为必要条件。例如，“体”（部分）就像几何学上的线有点（端）一样（意思是：有点不一定有线，无点一定不成线）。

“故”中的“大故”则是说：有它一定有某一结果；无它一定没有某一结果。在今天这称为充分必要条件（充要条件）。例如，见物的条件（原因）具备，见物的结果就产生。相应地，见物的条件（原因）不具备，见物的结果也就不产生。

例三：直接推理与判断的周延性。

《小取》：

> ……白马，马也，乘白马，乘马也。骊马，马也，乘骊马，乘马也。获，人也，爱获，爱人也。臧，人也，爱臧，爱人也。此乃“是而然”者也。
>
> 获之亲，人也，获事其亲，非事人也。其弟美人也，爱弟，非爱美人也。……盗，人也，多盗，非多人也；无盗，非无人也。奚以明之？恶多盗，非恶多人也；欲无盗，非欲无人也，世相与共是之。若若是，则虽盗，人也，爱盗，非爱人也；不爱盗，非不爱人也，杀盗，非杀人也。……此乃“是而不然”者也。
>
> ……爱人，待周爱人，而后为爱人；不爱人，不待周不爱人。不周爱，因为不爱人矣。……此“一周而一不周”者也。

第一段，“是而然”，即从肯定的前提推出肯定的结论，是一种直接推理的形式：白马是马，乘白马就是乘马。推出的结论具有必然性。

第二段，“是而不然”，从肯定的前提推出否定的结论，也属于直接推理，但由于单独（个别）概念与普遍（一般）概念为同一名词，推出的结论可能会引起争议。譬如，就“获之亲，人也，获事其亲，非事人也”看，奴仆（获）的父母是人，但却是特定而非普遍的“人”；所以，奴仆侍奉特定的人（父母），不等于侍奉普遍的人。同理，“盗，人也，爱盗，非爱人也；不爱盗，非不爱人也，杀盗，非杀人也”也一样，“盗”是特定的人，爱盗、不爱盗、杀盗，都只是针对特定的人，而非普遍的“人”。虽然在后来，“杀盗，非杀人也”招致批评，但这在《小取》的前后文中，是可以解释通的。“盗”的个别（人）毕竟不等于一般（人）。换从今天的角度，张三是人，法院判处张三死刑，（行刑者）杀张三，不等于杀（一般）人，应该也不难理解。

第三段，“一周而一不周”，譬如“爱人”一说，周遍地爱所有的人，才能谓之“爱人”；此即没有人不被爱，所以是周延的。而“不爱人”，不用等待所有的人都不爱，只要有些人不爱（不用周遍地爱所有人），就是“不爱人”，所以这是不周延的。这与一般形式逻辑所指的周延不周延的情况有所不同。

2. 自然科学

《墨子》书中，对于今天称作自然科学或科学技术的部分也有涉及和研究，其中不少在当时具有世界先进水平。下面略举几条具有定理意义的说辞。

数学：

《经上》："圜（圆），一中同长也。""圆"是以任一点为中心（圆心）、等长径线构成的（图形）。

《经说上》："圜，规写交也。""圆"是用圆规画（圆周）图形，（边线）起终点相交重合。

力学：

《经上》："力，刑（形）之所以奋也。""力"就是形体（物体）能够奋进（运动）的原因。

《经说上》："力，重之谓。下与（举）重，奋也。""力"是对重量（重力）的称谓。向下坠或向上举，都是力的运动（奋进）。

光学：

《经下》："景之小大，说在杝（yí，椴木；通'迤'，斜行）正远近。"（光源照射物体）影子有小有大，这取决于物体（木柱）是倾斜还是直立（垂直）于光源的方向和距离光源的远近。

《经说下》："景，木柂（犹言木斜），景短大。木正，景长小。光小于木，则景大于木，非独小也，远近。"例如，以木柱做实验，木柱斜放，影子短而大；木柱立（正）放，影子长而小。光源小于木柱，则影子大于木柱；光源大于木柱，则影子小于木柱。光源与木柱距离远与近，影子大小也不同。

《墨子》一书在逻辑思维的形式和规律方面的探求，以及其中体现的对自然科学的研究兴趣及相关成果，在中华文明发展中具有比较独特的地位。虽然由于中国社会和文化发展的特殊性，秦汉以后它没有能够为历史所选择，但却不应因此剥夺它在中国文化系统中应当享有的地位。所以，随着历史进入近代社会，它又重新展示出自身的光辉。

## 思考题

1. 《墨子》主要由哪些部分构成？
2. 《墨子》的主要内容及与儒家思想的关系。
3. 如何认识《墨子》在逻辑学和自然科学方面的成就？

# 第四节 荀子

百家争鸣时期的儒家学派，代表人物有孔子、孟子和荀子三人。司马迁著《史记》，孔子列入“世家”，孔子的弟子群体则进入《仲尼弟子列传》；再往后，就只有《孟子荀卿列传》。其称荀子为荀卿，亦因时人尊崇而称号为卿，这都表明荀子在先秦儒者中的突出地位。同样，流传至今的儒家诸子著作，除《论语》外，亦以《孟子》和《荀子》这两部书作为代表。

荀子作为战国后期儒家学派的集大成者和百家争鸣的总结性人物，司马迁说他“嫉浊世之政，亡国乱君相属，不遂大道而营于巫祝，信禨祥，鄙儒小拘，如庄周等又猾稽乱俗，于是推儒、墨、道德之行事兴坏，序列著数万言而卒”（《史记·孟子荀卿列传》）。那么，《荀子》这部书就是在战国末年的浑浊乱世之中，荀子深有感于大道衰微而“小道”流行、庄子等学者亦不走正道的情形，于是总结提炼儒、墨、黄老诸家立言行事之成败，依次撰著完成的数万言的著作。

司马迁没有提及荀子所著“数万言”著作之名，但后来通称为《荀子》。同时，因避汉宣帝刘询讳的缘故，《汉书·艺文志》《隋书·经籍志》两部著名的目录学著作，都称《荀子》为《孙（xún）卿子》。

## 一、《荀子》的篇目与版本

最早著录《荀子》书的，是西汉刘向的校书《叙录》。刘向说，《孙卿书》原共有三百二十二篇，但通过相互校雠，除去重复的二百九十篇，最后定著为三十二篇。为区别于原书，他称自己考校的此本为《（荀卿）新书》，并列出了这三十二篇的具体篇目。班固《汉书·艺文志》虽然著录“《孙卿子》三十三篇”，但据学者考证，均认为其著录有误，当为三十二篇。其后，《隋书·经籍志》则著录“《孙卿子》十二卷”。到《新唐书·艺文志》，则改称“《荀卿子》十二卷”；另著录“杨倞注《荀子》二十卷”。杨倞生活于唐代中后期，其所注《荀子》为流传下来的最早的注本。

杨倞注本将刘向《叙录》所著录的三十二篇进行了重新编排，分为二十卷，并定名为《荀子》，但总篇数和各篇篇名保持不变。尽管书名在流传中有变化，但就其内容来说，自汉至今，保持了完整和稳定。当然，作为代表性版本的杨倞本《荀子》及注文在后来的传抄刊刻中，也存在讹误。

《荀子》内容广博，其中一些在后来颇遭非议。尤其是《非十二子》与《性恶》两篇因抨击子思和孟子，又反对性善论，宋儒时常对此二篇予以抨击。理学家要创建和维护自己的道统论，子思和孟子是不可或缺的环节；而性善论更是理学家高扬道德天理和打造其精神世界的价值支撑。所以，《荀子》在理学家群体中遭到排斥，也没人为《荀子》作注。清中叶以后，随着理学衰微和新汉学的流行，谢墉、汪中、郝懿行、卢文弨、王念孙、俞樾等一大批经学家重新关注《荀子》，在不同程度上对《荀子》进行了校勘考证。到清末，王先谦集前人所长，全面系统地整理《荀子》，撰成《荀子集解》一书，成为今天最为通行的版本。

## 二、《荀子》的文献价值

相比于其他诸子，荀子作为一名学者和教师，在战国后期最为知名，司马迁称他"最为老师"，多人从他受教。荀子又身列大夫之位，"三为祭酒"，颇为世人所尊。荀子名重一时，在根本上还是因他对"五经"的熟悉和对经典的言传身授。我们今天读到的儒家经典文献，大都有赖于荀子和荀子一派儒者的传承，后来儒者之解经，往往受其影响。例如在《易传》《毛诗》《春秋左传》《礼记》《大戴礼记》《韩诗外传》等文献中，都不难发现荀子和《荀子》的身影。

### （一）《荀子》的主旨与文献记载

《荀子》作为儒家的重要典籍，其内容虽然广博，但也有自己的思想主旨，并因此在传承中体现出自身思想的特色。

首先，从其主旨来看，按四库馆臣的说法，是"（荀）况之著书，主于明周孔之教，崇礼而劝学"（《四库全书总目提要·卷九十一·子部一·儒家类一·荀子二十卷》）。那么，《荀子》的重心就在于阐发和弘扬自周公、孔子而下的中华礼乐文化，而又突出表现在"崇礼而劝学"的场景中。相较于孔子重仁、孟子倡义，荀子则强调礼。荀子对儒家礼学的影响很大，大小戴《礼记》的内容有很大成分来源于荀子一派的儒者，如《礼记·三年问》《大戴礼记·礼三本》便是从《荀子·礼论》中来；《大戴礼记·劝学》则基本是移植了《荀子·劝学》。《韩诗外传》更因为只有"非十子"而不是"非十二子"，致使后人以为《荀子》本来只是"非十子"而没有"非"子思、孟子，后者乃是荀子门人韩非、李斯之流所掺入的（王应麟《困学纪闻》）。

其次，从思想层面看，儒家在汉以后，形成了"三纲五常"的根本纲纪，尤其是作为"三纲"的"君为臣纲，父为子纲，夫为妻纲"成了汉以后国家统治的根本大法，它集中反映了从君臣到父子再到夫妇的汉以后古代社会上下尊卑的统治秩序。但是，儒家还有从《易传》而来的以夫妇关系为基础的另一方面的教诲，它与“三纲”的君权优先的位次不同，注重的是夫妇相感的人道初始价值，并将此规范为从夫妇到父子再到君臣的自然次序，这对“三纲”实际起到了一定的制约作用。而从文献资源的层面看，后人凡论及《易传》的夫妇相感之道，大都会引入《荀子·大略篇》之“易之咸（感），见夫妇，夫妇之道不可不正也，君臣父子之本也”以加强论证的效力，看重《荀子》夫妇先于父子、父子先于君臣的“重始也”的经典论断。

再次，《荀子》本身作为文献的提供者，其所载有或不载有某种史料，成为后人丰富知识并引经据典的重要资源。这在历史上最著名的，就是《荀子·宥坐》篇所载孔子为鲁司寇摄行相事，“朝七日而诛少正卯”例。此事在传世本《孔子家语》中虽也有记载，但《孔子家语》一般认为是抄自《荀子》。司马迁撰《孔子世家》，将此作为史实予以记载，后人虽也有对此怀疑者，以为这有损于孔子以仁孝治国的形象，但基本上还是都予以了认可。它说明，孔子执政治国，除了倡导仁孝而外，也不排斥施用刑罚的惩治手段。这为全方位认识和了解孔子，提供了一个鲜活的事例。

### （二）《荀子》的知识与文献效力

《荀子》作为知识范围十分广博的著作，对后来者具有经典指导和文献证明的效力。

首先，在解释经典的知识方面，《诗经》中有《陈风·东门之杨》一诗，《毛诗》说法是“刺时也。昏姻失时，男女多违”。故其首句之“东门之杨，其叶牂牂”，便被认为是“言男女失时，不逮秋冬”。毛亨认为这是讥刺当时社会婚姻失时，而不能在秋冬完婚。孔颖达评价说，毛公所以如此注解，正是依循了荀子的教诲。其称：

> 毛以秋冬为昏之正时，故云男女失时，不逮秋冬也。秋冬为昏，无正文也。《邶风》云“士如归妻，迨冰未泮”，知迎妻之礼，当在冰泮之前。《荀卿书》云：“霜降逆女，冰泮杀止。”霜降，九月也。冰泮，二月也。然则荀卿之意，自九月至於正月，於礼皆可为昏。荀在焚书之前，必当有所凭据。毛公亲事荀卿，故亦以为秋冬。（《毛诗正义·东门之杨》）

毛亨为荀子亲传弟子，故解《诗》自然受到荀子的影响。“秋冬为昏”说，先前并无文献证明，孔颖达所引的《荀卿书》，即《荀子·大略》篇，其中有“霜降逆女，冰泮杀止”之言，说男女双方应在霜降（九月）后至冰融化（二月）前的“秋冬”时节完婚方为适时，否则便是失时。孔颖达肯定荀子所说，因为荀子生活在秦焚书之前，精通周代礼仪，故能够做出恰当的判断。毛亨承接其师，故以秋冬为正时。

其次，先秦时期，孟子与荀子分别为儒家学派的两位主要代表，荀子曾激烈批评孟子。可孙奭《孟子注疏》却屡次引《荀子》语为《孟子》佐证。例如，《孟子·梁惠王上》有孟子不满于齐宣王打听齐桓、晋文等春秋五霸功业之事，而称“仲尼之徒无道桓文之事者，是以后世无传焉，臣未之闻也”。但孔子门下是否就不谈论齐桓、晋文称霸之事，孟子并未提供依据。孙奭遂引《荀子》为其作证，其称：

> 《荀子》云：“仲尼之门人，五尺之竖子，言羞称乎五霸。”是仲尼之徒无道桓、文之事者之证也。（《孟子注疏·梁惠王上》）

在此意义上，《孟子》之议论言事，反需要《荀子》的辅助，可谓是相反相成，亦可见《荀子》在经学史上的地位和影响。

最后，后人学习经典，需要依赖前人的注解。而前人著作中解释与不解释某事，本身又构成后人认知经典的权威知识基础。例如，《春秋》经文在哀公十四年有“西狩获麟”句。谶纬盛行下的汉儒解经，认为这是说孔子自卫反鲁，考正礼乐，整理文献，麟应感而至。麟之来乃是孔子已先知周亡天下而汉将受命之瑞应。孔颖达据理辨其虚妄，但在经学的论域中，仅立足义理，底气略显不足，故需要借助前圣先贤的言行作为支撑。他称：

> 孔子之作《春秋》，门徒尽知之矣。丘明亲承圣旨，目见获麟，丘明何以不言？弟子何以不说？子思、孟轲去圣尤近，荀卿著书，尊崇孔德，麟若应孔子而来，著书无容不述，何乃经传群籍了尔不言？以其既妖且妄，故杜悉无所取。（《春秋左传正义》）

孔颖达的这番话很有力道，而其批驳麟为孔子瑞应最后的论据，正在“荀卿著书”即《荀子》完全不论及此事。就此可见，牵连经典的重大历史事件，如果《荀子》书毫不言及，其本身存在与否就值得怀疑。这说明《荀子》的价值不仅在其思想内容，还在其作为文献而提供的历史事实本身，这可以说是从反面彰显了《荀子》的文献价值。

## 三、《荀子》的特点与思想

《荀子》作为荀子本人和荀子学派思想的集中反映和先秦诸子学术的总结性著作之一，具有宏大的视野和丰富的内容，几乎涉及当时所有的知识领域。这里简要介绍几篇。

### （一）《天论》

《荀子》扩大了儒家学术的范围和视野，将先前人们顶礼膜拜的“天”，放在了客观认识对象的地位上。其中，《天论》篇是荀子论天的专著，其他篇中也有讨论天的内容。其基本点是“天行有常，不为尧存，不为桀亡”（《天论》）。这一句话在历史上特别有名，即便是不认同荀子的理学家，也承认天道运行有自己的客观必然性和规律性。道理并不复杂，天时历象在作为圣君的禹与作为暴君的桀的时候都相同，而社会却有一治一乱，所以天并不是以人的意志为转移的。荀子据此批判了社会的治乱兴衰缘于天、时的错误观点。故“怨天”是没有任何意义的，“其道然也”。对时人感到惊恐的“星坠木鸣”等非常见的现象，他注意从阴阳变化的角度去做出解释，认为人们限于自然知识的匮乏，奇怪是可以的，但害怕却大可不必，对社会造成危害的其实是人祸而不是天灾。荀子在这里提出了“无何（神）”的重要主张，对社会上盛行的祭祀等宗教活动，也做出了无神论的解释，强调礼制的健全与否才是决定人事祸福的根本所在。

天或天地与人世之间，是各有分职又参与合作的关系：“天有其时，地有其财，人有其治，夫是之谓能参。”正因为如此，一方面，人们应当“明于天人之分”（《天论》），要为自己所从事的活动负责。人世的吉凶灾祥，物质生活的贫富丰歉，主动权都掌握在人们自己手中。另一方面，讲“天人之分”并不排斥天人双方的统一。关于人在天地间的地位，荀子在《王制》中有一段话非常有名：“水火有气而无生，草木有生而无知，禽兽有知而无义，人有气有生有知亦且有义，故最为天下贵也。”人是天演而成的，“气”是万物生存的共同基础，人的自然属性与禽兽无别，这是天人合一的方面；但合一又是与相分并存的，人位于自然进化的最高序列而又区别于其他自然物，他能够凭借其所特有的礼义法制超胜于万物，“制天命而用之”（《天论》）。“制天命而用之”突出地表现了人的自由自觉活动的意义，它说明在遵循自然规律的前提下，人有能力调节自然并为人类造福。与此相反，“错（措）人而思天，则失万物之情”（《天论》），抛弃人为而一味顺从天命，才是真正割裂了天人之际的联系和统一。

**（二）《解蔽》**

《荀子》对诸子各家的认知理论进行了认真的辨析，在此基础上对人的求知活动及其何以出现弊病的问题进行了深入分析，并体现了他对名言概念形成及其作用的看法。

荀子认为，人们认知世界的第一步是“缘天官”，即人依据其感官而获得对外界的初步经验知识。经验知识本身无所谓真假。但是，当人们用“心”对感知材料进行鉴别取舍时，却可能出现或真或假的不同结果，如“冥冥而行者，见寝石以为伏虎也，见植林以为立人也”（《解蔽》）的错觉之类。先前墨子的“明鬼”论其实就是这样思考的产物。对此，荀子以为可利用心的“征知”作用对感觉材料进行分类、辨别和取舍，即通过对错觉的校正来获取真理性的知识。不过，这似乎有循环论证的因素，因为所谓“伏虎”“立人”本身就是心“征知”后的结果。实际上是用后心的冷静思维去“征知”前心恍惚状态下犯的谬误。

在他这里，人们以能知之性去认识可知之物理，可能出现的问题，就是“蔽于一曲，而暗于大理”（《解蔽》）。“大理”不直接等于真理，但也相距不远，因为它要求的是全面完整的知识。这或许也是中国知识论发端时期一个重要的特点，即认识活动的关键，不在于真假——感性知识作为对外界事物的客观反映本身无所谓真假，而在其是否完整全面。荀子据此批判其他各家学说均只抓住了知识的一端一面，如“墨子蔽于用（功利）而不知文（礼乐）；宋子蔽于欲（情欲寡）而不知得（利己）；慎子蔽于法而不知贤”（《解蔽》），他们都没有看到完整全面的“大理”。

如何才能不被“一曲”所蒙蔽，荀子提出了不少办法，但根本点在他从老庄和《管子》那里概括而来的“虚一而静”。它大致相当于我们通常所说的虚心（虚）、专心（一）和静心（静）这样一种心理状态，荀子又称它为“大清明”。在如此的心理状态下，人排除了外界和内心杂念的一切干扰，精力高度集中，认识活动便能取得所期望的成果。“大清明”的境界之所以能导致人对对象的完整全面把握，在于它不仅仅是认识活动的前提和知识的正确性的心理保障，而且它与知识本身是直接同一的，认识中的错误其实都是心或主体本身的不当状态所致。达到“大清明”的境界，人便能无所不知，一切规律都会为我所掌握，这表现出荀子把认识的心理准备和认识的结果直接挂钩的思维定向。

### （三）《正名》

认识不仅要“解蔽”，还需要“正名”。这是《荀子》中的逻辑学思考，主要体现在《正名》一篇。“名”即名言概念，“正名”的主张最初系孔子提出，孔子希望用“名”去矫正当时社会在“实”的方面出现的混乱，以求达到“君君、臣臣、父父、子子”的在等级名分上的端正。

荀子的“正名”，对孔子的正名观既有继承也有修正，重在强调“制名以指实”，名的必要性和作用在于正确地反映实，实是第一性的。“名闻而实喻，名之用也”，而不应反过来以名去矫正实。荀子“正名”所关注的名实关系，既包含一定的思想内容，也体现了一般形式意义的语言学和逻辑学的规则。

1. “命名”原则

荀子根据自己对“名”的分类辨析，论定了“命名”的原则：

> 单足以喻则单；单不足以喻则兼；单与兼无所相避则共，虽共，不为害矣。知异实者之异名也，故使异实者莫不异名也，不可乱也。犹使同实者莫不同名也。故万物虽众，有时而欲遍举之，故谓之物。物也者，大共名也。推而共之，共则有共，至于无共然后止。有时而欲偏举之，故谓之鸟兽。鸟兽也者，大别名也。推而别之，

> 别则有别，至于无别然后止。名无固宜，约之以命，约定俗成谓之宜，异于约则谓之不宜。名无固实，约之以命实，约定俗成谓之实名。（《正名》）

一个单字（词）就足以表达实的就用单名，如牛、马；单字不足以表达实的就用兼名，如黄牛、白马；单名与兼名可以归为一类的就用共名，共名是高一级的名称，如畜、兽。异实者异名，同实者同名，这是命名的一般原则而不可乱。掌握了这一原则，给事物命名，就可以往上扩大范围，从小范围的共名到最大的共名，如对于万物，就可用“物”这一最大的共名去概括。与“共名”相对的是“别名”，“别名”就是将一（类）事物与他事物相区别的名称，它与共名相反，是往下收缩归类。最大的别名是“大别名”，即在“大共名”之下的特殊部类之名，譬如“鸟兽”，再逐次缩小到最小的具体事物名称，如东北虎。不过，在承认“实”是“名”的基础的前提下，人们究竟制什么样的名去指称实，却取决于大家的约定和使用习惯，他据此概括出了“约定俗成”的命名原则。荀子概括出的命名原则，体现了他对名实关系以及特殊和普遍关系的规律性的认识。

2. 对先秦各家名实观念的总结

先秦“辨名”之风颇盛，并有名家一派。而在逻辑学上，贡献最显著的无疑是《墨子》一书。《荀子》的“制名以指实”与《墨经》“名，实谓也”中的“名”是“实”的称谓的观点是一致的；《荀子》的大共名、大别名和别名，在《墨经》中就是“达名”、“类名”和“私名”。但荀子对包括墨家在内的各家名实观念提出了批评。他说：

> “见侮不辱”，“圣人不爱己”，“杀盗非杀人也”，此惑于用名以乱名者也。验之所以为有名而观其孰行，则能禁之矣。“山渊平”，“情欲寡”，“刍豢不加甘，大钟不加乐”，此惑于用实以乱名者也。验之所缘以同异而观其孰调，则能禁之矣。“非而谒楹，有牛马非马也”，此惑于用名以乱实者也。验之名约，以其所受悖其所辞，则能禁之矣。凡邪说辟言之离正道而擅作者，无不类于三惑者矣。（《正名》）

荀子批评针对的有“三惑”：第一惑中，“见侮不辱”，是宋钘、尹文一派的观点，该派主张平息纷争、宽容待人，即便被人欺侮也不以为是自己的耻辱。因其主张与墨家比较接近，《荀子·非十二子》遂将宋钘与墨子并列。其后的“圣人不爱己”“杀盗非杀人也”则是出于墨家。在后者，“己”和“盗”都是特殊的“人”，而“爱人”“杀人”所说的“人”则是普遍的人，所以从墨家的角度，圣人“爱人”则不必然“爱己”，“杀盗”也不等于“杀人”。但在荀子，这却是以名乱名，因为名作为概念，本来有自己的确定所指，即通行的一般内涵，如果刻意模糊，偷换概念，就会在名的实际使用中发生混乱。

第二惑中，“山渊平”是惠施的观点，惠施的基本主张是“合同异”，山之高与渊之深是相对的，低海拔之山并不比高海拔之渊高。但不能以这个别的“实”搞乱了“山”名高、“渊”名深的一般蕴含。“情欲寡”是宋钘、尹文一派的主张；“刍豢不加甘，大钟不加乐”出于墨家，是说牛羊猪肉并不（比粗茶淡饭）更加鲜美，撞钟奏乐也不（比宁静生活）更加快乐。双方都属于用特殊的“实”扰乱一般的“名”，因为考察一下现实就很清楚，肉食和音乐在一般意义上就意味着美好的生活。

第三惑中，“非而谒楹，有牛马非马也”，是墨家和公孙龙一派的观点，但包括文字和句读在内，历来存在争议。一说“非而谒楹”当为“排而为盈”，即将相互排斥的当作相互包容的；“有牛马非马”则是说，“牛马”之名是牛和马的集成，其内涵和外延都不等于“马”，所以说“牛马”不是“马”。荀子认为这里的错误在“用名以乱实”，如果按“名”形成的约定俗成原则来考核，用他心里所接受的来反驳他心里所非议的，就能阻止这些说法了。

荀子归结说，一切邪僻错误的言谈，大致都可归入上述三种类型。荀子的总结和批评有他的道理，但被批评的对象也不都是荒谬无理的，它们在不同情况下也有自身的存在价值。荀子的“正名”，是期望在战国末年诸家蜂起争辩的情势下，避免“乱名”导致的语言和是非混乱，强调“辨说也者，不异实名以喻动静之道也”（《正名》），名言的辨说不能偷换概念，必须在遵守约定的实之名的前提下，去明晓是非正邪的道理。

**（四）《性恶》**

“性恶”是荀子对人性的基本价值判断。人性论是中国传统哲学的基本理论，其中尤以孟子所主张的“性善”和荀子所主张的“性恶”最为知名，它们对后世产生了深远影响。《荀子》所揭示的人性恶或性恶论，事实上成了荀子思想最典型的特征。人们一提及荀子，首先就会想到性恶论；反之也是一样。

1. 性与伪

“性”与“伪”是《荀子》书中的两个基本范畴，荀子的人性论基本上是围绕这两个范畴组织起来的。什么是“性”呢？“性者，本始材朴也；伪者，文理隆盛也。”（《荀子·礼论》）“性”作为“本始材朴”，是指人生而具有的质朴本性；而“伪”作为“人为”二字的合成词，指在质朴本性上的“文理”加工，也就是规范化的社会礼义。《性恶》篇中的一段话讲得十分清楚：

> 凡性者，天之就也，不可学，不可事。礼义者，圣人之所生也，人之所学而能，所事而成者也。不可学、不可事而在人者，谓之性；可学而能、可事而成之在人者，谓之伪；是性伪之分也。

是否“可学”“可事”，是荀子判断先天之“性”与后天之“伪”的根本依据。《荀子》开篇就是《劝学》，这对后世的教育观念有非常深刻的影响，从经典传承的角度看，也可以说是继承《论语》开篇的《学而》而来。但是，荀子明白，“学”不可能解决所有的问题，对于先天的本性，“学”和“事”（从事）是无能为力的，因为学习的行为及所从事的一切活动，本身就是后天才形成的。所以，要恰当认识人性，必须知道“性”与“伪”的不同。

但同时，性、伪双方又不是截然割裂的，而是有分有合、相互作用的关系：“无性则伪之无所加，无伪则性不能自美。”（《荀子·礼论》）“伪”建立在“性”的生理本能基础之上，对人而言，其意义要更为重大。

《荀子》人性论的“察乎性伪之分”，是荀子“明于天人之分”自然观的推广和运用。天人之际在宏观上是整个自然和社会的关系，在微观上则表现为人的先天本性（性）和后天人为（伪）的关系，荀子为天人关系论增添了新的理论内容。

2. 性恶与化性起伪

“性恶”论是直接针对“性善”论的。荀子区分开“性”与“伪”，就为他“性恶”论和经由“劝学”而“化性起伪”的教化论打下了理论基础。人性为什么是恶而不是善呢？《性恶》篇说：

> 人之性恶，其善者伪也。今人之性，生而有好利焉，顺是，故争夺生而辞让亡焉；生而有疾恶焉，顺是，故残贼生而忠信亡焉；生而有耳目之欲，有好声色焉，顺是，故淫乱生而礼义文理亡焉。然则从人之性，顺人之情，必出于争夺，合于犯分乱理而归于暴。故必将有师法之化，礼义之道，然后出于辞让，合于文理，而归于治。用此观之，然则人之性恶明矣，其善者伪也。

人生来就有基本的生理需要并追求感官快乐，这就是人的本性，具有当然的合理性和必然性。之所以说人性是恶的，是因为“从人之性，顺人之情，必出于争夺，合于犯分乱理而归于暴”；倘若如此，社会国家秩序就无法维持了。所以，就有圣人出来制定礼义并要求大家遵守，即进行善的引导，社会才可能走向治理。

那么，作为“伪”一方的“师法之化，礼义之道”，都是背离人的本性的，即要阻止人去“顺是”。荀子举例说，人的本性是饿了就想吃饱，冷了就想穿暖，疲劳了就想休息，但现在在长辈面前，吃饭会先让长辈，劳作则要代替长辈，这便是人通过后天学习，接受了圣人制定的“孝子之道，礼义之文理”（《性恶》）的结果，恶的性也就转变为善了：“然则人之性恶明矣，其善者伪也。”

荀子判定善恶的标准，是圣人制定而体现着社会国家意志的礼义法度。礼义法度虽然“反性悖情”，但它却是维系社会国家秩序的必需手段，故他给予了肯定的评价（善）。圣人制定礼法，通过人为的教化作用促使人性转化为善，就是他所说的“化性起伪”。

“化性起伪”的基点是承认人性是可变的，人在实际上是善是恶，取决于他所处的后天环境和主观的努力。性恶论的理论价值，在外是重视礼义和良好环境的建设，在内则要求人通过圣人教化和主体的学习活动，自觉抑制欲望而走向善。因此，荀子与孟子虽然在人性是善是恶的判定上互相对立，但双方的价值导向都是引导人走向善，一者说“人皆可以为尧舜”（《孟子·告子下》），一者说“涂之人可以为禹”（《性恶》），故在最终的结果层面，荀子的性恶论与孟子的性善论又是可以统一的，它们一起构成先秦乃至整个中国传统人性学说的两大基本理论内核。后来的各种人性理论，在一定意义上都可以看作性善与性恶双方不同程度的折中调和。

## 四、后人的评价

《荀子》在汉唐时期有很高的地位。但自北宋以后，理学家扬孟抑荀，《荀子》受到打压，朱熹以为“荀子极偏驳，只一句‘性恶’，大本已失”（《朱子语类》卷一三七）。但是，《荀子》所提供的有别于《孟子》的儒家精神资源，仍然发挥着持久的影响。

后人对《荀子》的评价，可以从目录学家的视角得一较为客观的了解。在这方面，宋晁公武和清四库馆臣的评论最有代表性。

晁公武为《荀子》解题，认为：“其书以性为恶，以礼为伪，非谏诤，傲灾祥，尚强伯之道。论学术，则以子思、孟轲为‘饰邪说，文奸言’，与墨翟、惠施同诋焉。……其旨往往不能醇粹，故后儒多疵之云。”（《郡斋读书志·杨倞注荀子二十卷》）“性恶”和“性伪”之辨成了《荀子》的首要标志，同时，主张天道自然和崇尚霸业也在《荀子》中占有相当的比重。就后者言，荀子以礼法补充孔孟的仁义，“隆礼”与“重法”相结合，要求王霸双方的统一。有赖其影响，他的两位著名的学生韩非和李斯，都成了法家的思想代表。至于其批判子思、孟子、墨子、惠施等人的学说，则体现了《荀子》对诸子各家学说的总结。而所称“其旨往往不能醇粹，故后儒多疵之云”，则是在晁公武眼中，《荀子》著作具有杂博的性质，并因之导致了理学家对《荀子》的非议。

在《四库全书总目提要》中，按四库馆臣撰著的通常体例来看，其对所收书目的评论，思想方面的内容往往只是大略提及；可在《荀子》，对遭到理学家非议的《非十二子》与《性恶》两篇文字，尤其是“性恶”“性伪”之语却做了相当长的辩解，是颇不寻常的。在前者，认为《非十二子》批驳子思、孟子并不奇怪，因为二人在宋以后才“论定为圣贤”，他们在先秦的地位并不比荀子高，这就如同宋时的“朱、陆之相非”一样；在后者，《性恶》“以性为恶，以善为伪”，固然道理上并不很周全，但其说的目的在“言性不可恃，当勉力于先王之教”则是不错的。故“平心而论，卿之学源出孔门，在诸子之中最为近正，是其所长；主持太甚，词义或至于过当，是其所短。韩愈‘大醇小疵’之说，要为定论，余皆好恶之词也”（《四库全书总目提要·卷九十一·子部一·儒家类一·荀子二十卷》）。四库馆臣肯定了荀子学术在诸子之中“最为近正”，并以韩愈“大醇小疵”之说作为对荀子评价的最终“定论”，应当说还是大致符合史实的。

### 思考题

1.《荀子》在儒家文献传承中有什么价值？
2.《荀子》的思想主旨是什么？
3.《荀子》是如何集中反映和总结先秦诸子学术的？

## 第五节　韩非子

司马迁著《史记·老子韩非列传》，将道家的老子、庄子与法家的申不害、韩非同列为一传，是因为后二人虽喜刑名法术之学，但又都归本于黄老。但庄子与申不害只是附记于其中，老子与韩非才是主角，故此列传也因之命名。

相对于其他学派的代表，韩非本人是悲剧性的人物。作为韩国公子，他的出身比别人高贵，其著述亦深为秦王所喜，却又冤屈而死，不过其著作却“传于后世，学者多有”。

### 一、韩非的著作

关于韩非的著作，司马迁说韩非“作《孤愤》《五蠹》《内/外储》《说林》《说难》十余万言”，却没有总的书名。后按先秦以人称为书名的惯例，其著作被总称为《韩子》。《汉书·艺文志》注明“《韩子》五十五篇”，唐张守节《史记正义》引阮孝绪《七录》，载“《韩子》二十卷”，二者合起来，其所载篇数与卷数皆与今本相符。

#### （一）《韩子》与《韩非子》

关于韩非著作的书名，自汉至唐，均通称《韩子》。到宋时，晁公武《郡斋读书志》著录该书称《韩非子》，乾道年间亦有《韩非子》刻本问世，然宋末王应麟的《汉书·艺文志考证》仍称为《韩子》。

由《韩子》而改称《韩非子》，一种解释是，唐以后韩愈亦称“韩子”，人们为避免混淆，故称韩非著作为《韩非子》。但此种解释不能说明唐宋以后《韩子》与《韩非子》书名长期混用的情形，甚至在同一著作中都不能避免。譬如《四库全书》的编纂者便是二者混用。但从大的趋势来说，清中叶以后，学界称《韩非子》逐渐成为主流。清末，王先慎（王先谦从弟）以宋乾道本为主，并据他本订正，撰成《韩非子集解》。此本成为今天通行的版本。

**（二）韩非与《韩非子》**

与其他先秦诸子著作的情况类似，《韩非子》并不都是韩非自己撰写的著作。四库馆臣推测说：“疑（韩）非所著书，本各自为篇，非殁之后，其徒收拾编次，以成一帙。故在韩、在秦之作，均为收录，并其私记未完之稿亦收入书中。名为非撰，实非非所手定也。以其本出于非，故仍题非名，以著于录焉”，即认为《韩非子》诸篇总体上仍出于韩非，只是汇集成书在其身后。汇集成书在韩非身后，在学界可以说是共识，但将诸篇文字都归属于韩非，则受到后人质疑。

一个明显的不协调之处，就在于“其徒收拾编次”而成的《韩非子》，不少篇目存有矛盾。最明显的，就是第一篇《初见秦》与第二篇《存韩》的冲突。《初见秦》认为秦可兼并天下而“亡韩”，《存韩》则如同其篇名所言是要“存韩”。韩非作为韩国公子，从内心讲是希望存韩的。故一般认为《初见秦》不可能是韩非的著作。事实上，《战国策》卷三《秦策·张仪说秦王章》便与《初见秦》是同一篇文字，《初见秦》应该是出于张仪一派的纵横家门下。而《存韩》一篇，实际上包括了三节文字：韩非上秦王书，即《存韩》本文；李斯对韩非“存韩”说的驳议；李斯上韩王书。而编书者之所以把《初见秦》放在前面，按冯友兰所说，是为了做对比，因为“存韩”与“亡韩”“这两种主张关系到秦国对六国的两种战略的决策，在当时是很重要的事”（《中国哲学史新编》）。

就《韩非子》全书来说，王先谦在为《韩非子集解》书前所作序中认为：“《主道》以下，盖非平日所为书，《初见秦》诸篇，则后来附入者。”《主道》是《韩非子》第五篇，即王先谦认为，《主道》以下的五十篇都是韩非自著。可在随后的胡适眼中却并非如此：“依我看来，《韩非子》十分之中，仅有一二分可靠，其余都是加入的。”那么，哪些是可靠的呢？他列举了《显学》《五蠹》《定法》《难势》《诡使》《六反》《问辩》七篇，而不认同（前面）司马迁所说。在此之后，当代学者对《韩非子》篇章的真伪及著作年代又有多种考辨，但总体上看，司马迁的记述大致还是可以接受的。

## 二、代表性篇章一：《孤愤》、《五蠹》与《说难》

《韩非子》著作的内容，最早进行集中概括的，应当是唐司马贞的《史记索隐》。司马贞接续司马迁所说，对司马迁所列举的《韩非子》篇目的内容，集中做了解说。他称：

> 《孤愤》，愤孤直不容于时也。《五蠹》，蠹政之事有五也。《内/外储》，按韩子有《内储》《外储》篇：《内储》言明君执术以制臣下，制之在已，故曰“内”也；《外储》言明君观听臣下之言行，以断其赏罚，赏罚在彼，故曰“外”也。“储”畜二事，所谓明君也。《说林》者，广说诸事，其多若林，故曰“说林”也。今韩子有《说林》上下二篇。《说难》者，说前人行事与已不同而诘难之，故其书有《说难》篇。

司马迁和司马贞所叙说的这六篇文字，内容都集中于政治、权术及游说君王方面，体现了法家学说集大成者合“法术势”为一的特点。其中，《孤愤》、《五蠹》与《说难》等篇在后来最能引起反响。

### （一）《孤愤》

《孤愤》在《韩非子》五十五篇中列第十一，但却是司马迁所举韩非著作的第一篇，可见他对此文的重视。开篇有旧注解题说：“言法术之士，既无党与，孤独而已。故其材用，终不见明。卞生既以抱玉而长号，韩公由之寝谋而内愤”，即将韩非本人面临的遭遇与其后《和氏》篇所记载的献和氏璧的主人卞和相类比，珍贵的宝贝得不到承认就如同法术之士得不到君王和社会的认可一样。

韩非褒扬的法术之士或智法之士，是“智术之士”和“能法之士”品格的结合，他们“远见而明察”，“强毅而劲直”，本是行公法而治国的良臣，然而却难以得到君王的重用。站在法术之士对立面的是那些得到国君的信任和宠爱的当权重臣。由于国君对他们结党营私、专权败法、耗国渔利的行为习以为常，法术之士也就不能被君主所信任，得不到恩泽；可他们却时刻准备用法术去矫正君主邪僻的心理，从而和君主的心意相违。结果，法术之士“操五不胜之势”，一年都难见君主一面；当权重臣则“乘五胜之资”，又可时时在君主面前单独进言，那么，处境卑微、没有党羽又是君主疏远之人的法术之士，去与君主近爱之人相争，不但没有胜利的可能，而且自身的性命难保：“是明法术而逆主上者，不僇于吏诛，必死于私剑矣。”

《孤愤》的重心固然在于针对“惑主败法”的当权重臣，所谓“智法之士与当涂之人，不可两存之仇也”；但对于受重臣迷惑而分不清公私、是非的君主也给予了尖锐的批评。他以为，在“臣有大罪而主弗禁”的“大失”情境下，“索国之不亡者，不可得也”。那么，在感叹“凡法术之难行也”的前景下，“故法术之士奚道得进，而人主奚时得悟乎”便是韩非留下的孤独的悲愤。

**（二）《五蠹》**

《五蠹》篇是韩非对他所认为的五种“蠹虫”的“蠹政之事”的批判。该篇中，韩非将历史勾画为上古、中古、近古和当今之世四个历史阶段，每一阶段，人类所面临和解决的问题有所不同：上古是“构木为巢”和“钻燧取火”；中古是鲧、禹决渎；近古是汤、武征伐；今世不同于先前，也就须有新的治国之道。他因之提出了一个著名的历史发展观点：“圣人不期修（循）古，不法常可，论世之事，因为之备。”而那些“言必称先王”的儒者，在他这里如同是“守株待兔”的宋人一样，实在可笑。

韩非讥讽儒、墨两家以仁义道德治国不切实际，因为“上古竞于道德，中世逐于智谋，当今争于气力”。周文王行仁义可以得天下，徐偃王行仁义却导致了亡国，因为二者的历史条件不同，故“仁义用于古而不用于今也”。在当今争夺财富激烈的时代，想“以宽缓之政，治急世之民”，就如同没有马缰马鞭而企图制服烈马一样，完全是徒劳的。

在“古今异俗，新故异备”的历史发展观视野下，韩非提出了“言谈者必轨于法”的法治与威权相结合的绝对化主张：“故明主之国，无书简之文，以法为教；无先王之语，以吏为师。”“法”在韩非看来是“超五帝侔三王”的根本，同时，还要重视耕战和赏罚，坚持重农抑商。与此对应，君王治国，就必须除去儒家墨家、纵横家、游侠剑客、逃避兵役劳役者、商人手工业者这五种破坏法治的“蠹虫”。

按《史记》记载，当韩非著作被人传至秦国时，“秦王见《孤愤》《五蠹》之书，曰：‘嗟乎，寡人得见此人与之游，死不恨矣！’”司马迁突出这两篇韩非之书，亦说明它们对当时社会具有重要影响。

**（三）《说难》**

前面《孤愤》揭示了韩非心中法术之士不得任用的“内愤”，《说难》则或许可看作他所体会到的游说君主的“外难”。司马迁对《说难》篇十分重视，在《史记·老子韩非列传》中基本上是全引此文。《说难》旧注曾有注解称：“夫说者有逆顺之机，顺以招福，逆而制祸。失之毫厘，差之千里，以此说之，所以难也。”士人或臣下想要说服君主，“逆顺之机”是一定要把握好的，否则不但不能被君主赏识，反而性命难保。

在这里，“凡说之难”，韩非指明，这不是指我的知识、口才和准确表达自己意图之难，而是难在掌握进言对象即君主的心理，从而能够恰当地使自己的表达深合君主之心，即“在知所说之心，可以吾说当之”。但实际上这是很难做到的。例如，君主实际追求厚利而又要求（仁善）美名，臣下如果以美名进言，君主就会表面上任用而暗地里疏远；而若以厚利进言，君主则会暗地里采纳而表面上摒弃。所以这是不可不知晓的。

臣下侍奉君主，往往很难免性命之忧。例如，君主有过错，你却以仁善言辞来分析其恶；君主有计谋而自得意其功，你却刚好知道了此计；强求君主做他所不愿做或阻止君主正在进行之事；等等。那怎么办才好呢？那就是君主敬重的，要会以言辞去粉饰；君主避讳厌恶的，要会灭其事端而不言；君主自夸其强力，则不当以他为难之事去阻碍他；君主自以为其计谋高明，就不要以他先前的败绩去穷屈他。总之，就是要顺从君主的心意而不能违逆他。如此历时日久，直到君主的恩泽已厚，进言者无论如何直言谏诤、计算利害都不会获罪时，游说便是成功了，“此说之成也”。

韩非最后总结说，龙作为动物，平时是温顺而可以戏弄和骑行的，但它喉下有尺长的逆鳞，如果有人去触动它，龙就会一改平时脾气而杀人。人主也是一样，“人主亦有逆鳞，说者能无婴（撄）人主之逆鳞，则几矣”。然而，尽管韩非把一切可能遇到的说君的艰难都考虑到了，最终还是没能保全自己的性命。所以，司马迁极为感慨地说：“然韩非知说之难，为说难书甚具”，“余独悲韩子为《说难》而不能自脱耳”。在后来，《说难》篇及韩非的遭遇都深深触动着历代的君臣。《四库全书》收录《韩非子》，书前就有多条乾隆读后的御制诗文给予的评说。

### 三、代表性篇章二：《解老》与《喻老》

《解老》与《喻老》是韩非解说和发挥《老子》思想的著作，也是历史上最早对《老子》的解读。“解”自然是对《老子》思想的解说；“喻”则是用具体事例来说明《老子》书中的道理。

#### （一）《解老》

韩非解说《老子》，是“德”先而“道”后的顺序，即后来帛书本“德道经”的系统。韩非撰著的着眼点，不在注解而在发挥，重在阐发他自己的思想。

1. 道德仁义礼

《老子·三十八章》叙述了从“上德”到“后礼”的道、德、仁、义、礼的从无为到有为的逐步退化过程，但却并未解释这五个范畴的具体含义及相互关系。《解老》对此则进行了补充。

韩非批评儒家，以儒为蠹虫，但他对仁义礼之类的儒家核心观念的解释，却与儒一致。如仁是“中（内）心欣然爱人也”，爱的情感不能抑止而且“非求其报也”；义就是适宜，它体现在“亲者内而疏者外”，“君臣上下之事，父子贵贱之差也”；礼规范表达内心“情貌”，是文饰诸种合乎“义”的行为的“节”，“礼者，外节之所以谕内也”。合起来，对这五个范畴之间的关系，他解释说：

> 道有积而积有功；德者，道之功。功有实而实有光；仁者，德之光。光有泽而泽有事；义者，仁之事也。事有礼而礼有文；礼者，义之文也。故曰：“失道而后失德，失德而后失仁，失仁而后失义，失义而后失礼。”

“道”累积起来就会成功，“德”就是道的成功；成功落实就会有光辉，“仁”就是德的光辉；光辉带来恩泽就会成事，“义”就是仁的成事；成事有礼节有文饰，“礼”就是义的文饰。各范畴之间紧密关联，作为源头的“道”如果不能累积，随后的整个德、仁、义、礼就都不能存在了，“道”失则一切皆失。所谓道的累积，换从主体的角度，就是人的得道。人若得道，就是道的成功。人不能得道或失道，就会导致随后的德、仁、义、礼整个的失去。如此将“道德仁义礼”的序列释为依次递降，而非《老子》“失道而后德，失德而后仁，失仁而后义，失义而后礼”的一失一兴，显示出韩非对《老子》思想的一定改造。

2.“道”与“理”

“道”无疑是《老子》的核心范畴，但《老子》言“道”却并不讲“理”，到《庄子》才畅言天地和万物之理，还说“知道者必达于理”。韩非由理去论道，应当是吸收了《庄子》的思想。《解老》篇称：

> 凡理者，方圆、短长、粗靡、坚脆之分也，故理定而后可得道也。故定理有存亡，有死生，有盛衰。夫物之一存一亡，乍死乍生，初盛而后衰者，不可谓常。唯夫与天地之剖判也俱生，至天地之消散也不死不衰者谓“常”。而常者，无攸易，无定理。无定理，非在于常，是以不可道也。圣人观其玄虚，用其周行，强字之曰“道”，然而可论。故曰：“道之可道，非常道也。”

韩非将《老子》的思想集中归纳到道和理两个范畴上来进行阐发。在宇宙观上，《老子》明确道在天地万物之先且“道生万物”。《解老》不这么讲，但它所说的与天地共生、却不与天地共死而恒定不衰的“常”，实际也就是道；与此对应的“理”则是“非常”，它是具体事物的规定性，是确定与事物的存亡死生共变化的，所以叫作“定理”。定理变化无常，因此就“不可道”。圣人观察到道既“玄虚”又周流无不在，勉强给它命名为“道”，这样才可以论说。由此，结果是两方面的：“道”一旦能具体论说即“可道”，就不再是本来的“常道”；同时，正是因为“可道”，人才能够“得道”，而这所得之道就是

“定理”。所以，“道”与“理”在韩非是相互发明的关系。

道与理合起来，就成“道理”，“道理”是人们行动办事的指导。人依据对道理的把握来从事自己的活动，就没有不能成功的：“夫缘道理以从事者，无不能成。”如果不是这样，在与事物道理接触之前就妄意测度，以为自己多么有才学，不过就是“前识”。“前识”在《老子》是“愚之始”，《解老》则改作“愚之首”即头等的愚蠢，这显示了韩非对于实际的参照验证即他所倡导的“参验”的看重。

**（二）《喻老》**

与《解老》多一般性的论“道”谈“理”不同，《喻老》重在具体的治国经验总结。弱能胜强、见微知著等不只是一般哲理，更是政治权术，这是韩非深谙的“道理”。

《老子·三十六章》讲“将欲翕之，必固张之；将欲弱之，必固强之；将欲废之，必固兴之；将欲夺之，必固与之。是谓微明。柔弱胜刚强”。《喻老》举例发挥其意，说当年越王来到吴国服侍吴王，鼓动吴王讨伐齐国以耗费其国力。吴军在艾陵战胜了齐军，势力扩张到长江、济水流域，又逞强于黄池盟会，结果久战力衰，国力耗损，终在太湖地区被越国制服。这就是“将欲翕之，必固张之；将欲弱之，必固强之”。又如晋献公想要偷袭虞国，就把璧玉和宝马赠送给虞国国君；智伯准备偷袭仇由，就将大车（载着大钟）赠予他们。这就是“将欲取之，必固与之”。如此起事于无形而又能在天下获得大功，就叫作“微明”（幽微而又显明的道理）。《老子》讲的“柔弱胜刚强”，重点就在处于弱小地位而能忍辱负重，谦卑损己。

《老子·六十四章》讲“其安易持，其未兆易谋”。《喻老》又举例发明：其一，从前晋公子重耳流亡路过郑国的时候，郑国国君不以礼相待。叔瞻劝郑国国君说：“重耳是贤明的公子，您好好待他，可以积德。”郑君不听从。叔瞻又劝说道：“不好好待他，还不如杀了他，不要让他日后给我们带来祸患。”郑君又不听从。等到重耳返回晋国，起兵伐郑，大败郑国，一下夺取了郑国的八座城池。其二，晋献公将垂棘出产的美玉赠给虞国，以便借道去攻打虢国，宫之奇劝谏说，不能借，“唇亡而齿寒”，虞与虢相互救助，并不是相互体现自己的善德，而是今天晋灭虢，明天虞必定会跟着灭亡。虞君不听，接受了美玉而借道给晋国。结果，晋在攻取虢后返回路上就灭了虞。叔瞻和宫之奇这两位大臣就像名医扁鹊一样，在疾病刚露苗头时就及时察觉并给出了应对办法，但两位君主都不采纳，于是郑国因此战败，虞国因此灭亡。所以《老子》说“其安易持也，其未兆易谋也”。

《喻老》所讲的“故事”，是以实践经验对《老子》治国理政思想的阐释和验证，对于传播和普及《老子》的思想来说，一定意义上作用更大。司马迁在《史记·老子韩非列传》的末尾归结道：“韩子引绳墨，切事情，明是非，其极惨礉少恩。皆原于道德之意，而老子深远矣”，说韩非“引绳墨，切事情，明是非”，在《解老》《喻老》篇中可以明显感知到；说他“极惨礉少恩”，在一些篇章中也可寻得依据。但最后“皆原于道德之意”，则表明在司马迁看来，“道德”是可以引发出《韩非子》的诸般智慧的，老子也应该为他自己的思想能得到如此传扬感到欣慰。

### 思考题

1.《韩非子》著作有什么特点？
2. 哪些是《韩非子》的代表性篇章？
3.《韩非子》与《老子》有什么关系？

## 第六节　坛经

《坛经》是中国佛教禅宗的典籍，也是唯一被尊称为“经”的中国佛教著作，在整个中国佛教典籍中最具有代表性，对唐宋以后中国思想文化的发展产生了深远的影响。

《坛经》是通称《六祖大师法宝坛经》的简称。它是对中国禅宗的实际创立者慧能（惠能）一生得法传宗事迹和教导门徒言谈的记载。在禅宗师徒构建的禅宗传法谱系中，慧能是中国禅宗的第六代祖师；“法宝”意味诸法之宝；而“坛经”的称谓，则是由慧能当时在韶州大梵寺登坛讲法而来的。

《坛经》内容丰富，语言生动，是研究禅宗以及中国佛教思想最重要的典籍。不过，由于受儒家正统史观的影响，《坛经》虽自唐中叶以后开始流行，但自刘昫《旧唐书》起，《坛经》并不被正史所收录。清人编《四库全书》，亦“不录经典，用刘昫例也”。

### 一、《坛经》的版本

《坛经》最初由弟子法海记录编集而成。其后在流行中，历代辗转传抄，版本多有，体例不一，文字和内容都有不少增益。按照相关学者的考证研究，《坛经》的代表性版本，主要有敦煌本（法海本）、敦博本（敦煌博物馆本）、惠昕本、契嵩本和宗宝本几种。

（1）敦煌本，一卷，不分品。全称书名，题为《南宗顿教最上大乘摩诃般若波罗蜜经六祖慧能大师于韶州大梵寺施法坛经一卷》，并注明是“兼受无相戒弘法弟子法海集记”，故又称法海本。该本结尾题有“南宗顿教最上大乘坛经一卷”字样。敦煌本于20

世纪初由斯坦因取自敦煌石室，随后，到 20 世纪 20 年代，日本佛教学者矢吹庆辉从伦敦大英博物馆所藏敦煌遗书中发现并拍摄胶片带回，经整理后收入日本《大正新修大藏经》第四十八册。敦煌本发现后，引起了对该版本及其《坛经》流传史的广泛研究。日本佛教学者铃木大拙等首先对此本进行了校阅修正并推出新的校订本，1983 年中国佛教学者郭朋所著且颇为通行的《坛经校释》，便是以铃木大拙校本为底本的。

（2）敦博本（敦煌博物馆藏本），一卷，不分品。全称书名与敦煌本相同，即题为《南宗顿教最上大乘摩诃波若波罗蜜经六祖慧能大师于韶州大梵寺施法坛经一卷》（“般若”与“波若”通用），同样注明是“兼受无相戒弘法弟子法海集记”，尾题也是“南宗顿教最上大乘坛经一卷”。该本 1935 年首先由敦煌县名士任子宜发现于敦煌千佛山的上寺。20 世纪 40 年代初历史学家向达在敦煌考察时曾全文抄录此本，并做了校订和详细介绍，后辗转为敦煌博物馆收藏。1986 年著名学者周绍良在敦煌博物馆的展柜中发现了此本，随后托人拍照，敦博本方才为大众所知。

敦博本与敦煌本《坛经》都不分章节段落，其题目、编排形式和字句内容，几乎完全相同，而且许多明显的抄写错误，双方也都一样，说明二者是抄自同一祖本《坛经》。其祖本推定为慧能灭后二十余年后的某年形成。在唐末五代乃至宋初以前，此一版本系统应当有较广的流传，但宋以后则销声匿迹，进入现代社会才被重新发现。

敦煌本抄写杂乱，错讹字句很多，在敦博本被发现前，曾有人称它既是“孤本”又是“劣本”。敦博本抄写工整，字体清晰，抄漏字句较少，在版本上要优于敦煌本。将两本互校，有助于对慧能禅宗的初传进行进一步的研究。

（3）惠昕本，二卷。敦煌本被发现后，鉴于其与通行本（宗宝本）的明显差异，促使人们思考《坛经》流传过程中存在不同版本的变化，开始注意检索佛教寺院的相关收藏。于是在 20 世纪 30 年代，日本佛教学者铃木大拙先后在日本京都兴圣寺、石川县大乘寺发现了标明为“沙门惠昕”所编集的《六祖坛经》，故又分别称为兴圣寺本与大乘寺本。其后，又有更多的同属惠昕系统的《坛经》写本或刻本被发现。

此本在宋元时期的著名目录学著作《郡斋读书志》和《文献通考·经籍考》中都有著录。晁公武说，唐代僧人惠昕撰《六祖坛经》三卷，记“慧能学佛本末”，分为十六门。但今天兴圣寺本只有二卷十一门。而兴圣寺本本身，正是晁公武的侄子晁子健在南宋绍兴年间于蕲州刊印、后流传日本的。

（4）契嵩本，一卷，十品。北宋时期，禅师契嵩得到所称“曹溪古本”《坛经》，校雠后“勒成三卷”，题为《六祖大师法宝坛经曹溪原本》。因慧能当年是以曹溪宝林寺为中心弘法传教，故“曹溪”也就成了慧能的代称（别号）。不过，学者一般认为契嵩本并不是真正的“曹溪原本”，而大致是对敦煌本、惠昕本《坛经》的一个改编本，其中也有不少是取自《景德传灯录》《曹溪大师别传》等禅宗文献。

（5）宗宝本，一卷，十品。元代初年，禅师宗宝改编本，题作《六祖大师法宝坛经》。宗宝在他的改编本《坛经》的《跋》中说，他看见当时流传的三种版本的《坛经》互有得失，经他校雠后，“讹者正之，略者详之，复增入弟子请益机缘”，这样学者基本上就能充分了解“曹溪之旨”了，并申明其所增“机缘”“与曹溪原本文同，或即出于彼本”，强调了其改编本与《坛经》祖本的亲缘关系。一般地说，宗宝本大致渊源于契嵩本，可能也斟酌参考了先前诸本。

宗宝本后被收入《大正新修大藏经》第四十八册。在敦煌本被发现前，宗宝本因其文字通顺，意思表达清楚，自元以后成为《坛经》的经典版本，流传最广。宗宝本叙述禅门事迹和禅宗思想更为详细，也与其文字较多有关，相对于敦煌本和敦博本的一万二千字、惠昕本的一万四千字，契嵩本和宗宝本都有二万多字。后本相对前本，增添改动不少，但整体上仍保存了慧能禅学的核心思想。本书对《坛经》的介绍也以流行的宗宝本为底本。

## 二、《坛经》的结构和主旨

宗宝本《坛经》分为十品，“品”是梵文的篇、章之意，十品相当于十章。但各品文字多寡不一。其中，行由品和机缘品文字最多，而坐禅品文字最少。十品依次为：

行由品第一，讲慧能得法的“行由”，包括慧能的家世、求法经历，得五祖弘忍所传衣（袈裟）法成为禅宗六祖和出世说法的过程。其中，慧能的“得法偈”影响深远。

般若品第二，“般若”是梵文的音译，意为（佛教成佛的）智慧，这里即慧能向信众讲述何为般若智慧和他的顿教法门。本品揭示了慧能禅学的基本理论。

疑问品第三，慧能解答韶州韦刺史等信众听闻传法后所提出的疑问，进一步发挥了他的禅学思想。

定慧品第四，“定慧”即禅定与智慧，指佛教的修行实践与智慧观照。慧能在这里解释了二者之意并强调定慧一体。

坐禅品第五，“坐禅”本是佛教的共性，慧能这里是讲禅宗坐禅的特殊性，关键在心念不起不乱。在《坛经》中，坐禅品的文字最少。

忏悔品第六，“忏悔”意味在佛面前忏悔自己的罪孽。慧能所讲的忏悔与传统佛教的忏悔不同，是“无相”忏悔，以便实现其“自皈依”。

机缘品第七，“机缘”本指众生信受佛法的根机和因缘，这里通过一个个小故事讲述慧能如何点化和接引不同根器的信众。

顿渐品第八，本品陈述慧能与神秀“南北二宗”的“顿渐”之分，阐明顿渐之意是“法无顿渐，人有利钝”，并预示弟子神会传接慧能。

宣诏品第九，本品又称“护法品”，记述武则天、唐中宗下诏迎请慧能进京和慧能推辞等事宜。

付嘱品第十，记述慧能临终前向弟子法海等弟子集中“说法”，嘱托他们弘扬禅法和交代身后事宜等。

### 三、《坛经》记载的“得法偈”

《坛经》文本记载了慧能得五祖弘忍传法成为六祖的事实经过。其中最有特色和最生动的记载，莫过于慧能超胜于神秀而使其终成为禅宗六祖的“得法偈”。

慧能的“得法偈”是相对于神秀的“入门未得”之偈而言的。神秀的偈是：

身是菩提树，心如明镜台，
时时勤拂拭，莫使有尘埃。(敦煌本作“勿使惹尘埃”)

神秀偈的意思是，我的身犹如觉悟成佛之树，心就像能够照物的明镜，时时用功拂拭此身心，使它不沾染一丝尘埃。神秀的比喻，是说我的心性虽然清净而可以成佛，但却为外来尘埃沾染遮蔽，所以需要时时用功清扫以去除污染。

五祖弘忍虽也认为神秀此偈“有大利益”，可以依此偈去修行，但毕竟“只到门外，未入门内”，“未见本性”。因为神秀大致还停留在传统禅法的境界，以为只有时时用功才能求得本性的清净，他不明白自性本来清净。而且，觉悟依树，明镜有台，即滞着于法（相）上；同时，还将本性与尘埃视为二物（二体），净与染、真与妄界限分明。而从弘忍来讲，则是“万法无滞”，应当“一真一切真，万境自如如”，所以神秀无法觅得“无上菩提之自性”。

与神秀偈不同，慧能之偈却完全印合了弘忍的“须得言下识自本心，见自本性”的要求。不过，由于流传版本的不同，慧能偈出现了不同的表述。如下：

慧能偈一（敦煌/敦博本）：

菩提本无树，明镜亦非台，
佛性常清净，何处有尘埃？(“有”亦作“惹”)

慧能偈二（宗宝本）：

菩提本无树，明镜亦非台，

本来无一物，何处惹尘埃？

两个版本的关键区别在第三句。其文字差别是否意味着观念的不同，学界有不同的认知，这里取二者相合的观点。按慧能偈言，菩提是讲觉悟的自性，明镜则说本性的清净，本来都是无物（无相）；而且，佛性既然是“常清净”，自然就“本来无一物”——若“有一物”也就不是常清静了。换句话说，“菩提”只向心觅，何需心外之“树”；“明镜”本谓自性，何来染尘之“台”。既如此，“时时勤拂拭”的外在修行工夫就因失去了对象而没有了存在的可能。但慧能又并不是空无论者，因为“一切万法，不离自性”，是即尘埃即清净，慧能肯定了清净本性的常在是自在自清净，“于相而离相”，也就不可能沾惹上尘埃。同时，这也体现了慧能在后来着重发明的即妄即真、即烦恼即菩提的顿教思想。正是基于此，弘忍认定慧能已悟本性，遂将顿教教法及作为凭借信物的衣钵传予慧能，慧能自此为禅宗六祖，亦即禅宗的实际创始人。

## 四、《坛经》的核心观念

《坛经》讲述的禅宗的核心观念，就是明心见性和见性成佛。作为它的铺垫、衬托和展开，慧能阐述了自性清净、心性为本、定慧一体、自悟顿悟、法无顿渐等思想。《坛经》的所有文字，可以说都是围绕这些思想进行的进一步的解说和发明。

### （一）明心见性

明心见性是整部《坛经》亦即慧能禅学的中心思想。弘忍评价神秀未入门内的关键，就在于神秀未能“识自本心，见自本性”。慧能得法而再往下传教，亦是要令学佛者“各自观心，自见本性”。按照这条传承主线，只要观、识本心，就能够使本性或自性显现，从而解脱成佛，由此凸显明心见性观念在慧能禅学的核心地位。

之所以要见性，在于性是成佛的根据和禅宗哲学的本体，“自性能含万法是大，万法在诸人性中”，自性之“大”，在于万法显现于性中，清净本性的虚空能含藏世间万法。但如此的含藏，又是由心去实现的，因为心是活动和包容的范畴。“心量广大，犹如虚空”，既然是虚空，也就跨越了一切大小方圆、青黄赤白、善恶是非，乃至诸佛刹土的现象拘泥；但它们既“无相”又显现于心，“心生种种法生，心灭种种法灭”；“自性真空，亦复如是”。心与性在这里妙合为一，故又称为“妙性”。“妙”就妙在心性既空又具足一切，万法生于自性，佛果也成于自性，天堂地狱、烦恼菩提才真正能连通贯穿起来。先前，慧能闻听弘忍说《金刚经》至“应无所住而生其心”而“言下大悟”，其所悟到或生起的“心”，正是本自清净又具足而生万法的“性”。

从观念本身来分析，明心与见性相依而存，互相发明。《坛经》有一长段对心性相互关系的规定："心是地，性是王，王居心地上，性在王在，性去王无。性在身心存，性去身心坏。佛向性中作，莫向身外求。"心与性之间，心是性之所寓，性则是心之主宰。性即是成佛的根据，所以性存则佛存，性亡则佛亡。但实际上，性与人同在，它不可能亡，说性亡，不过是我心迷误而没有体验到和开显出性的情形。所以说是"性在身心存，性去身心坏"，心与性是一体共存亡的；而"佛向性中作，莫向身外求"，亦是告诫明心是向内明本性，而非向外求佛果。

由慧能的得法偈推下来，"菩提自性，本来清净，但用此心，直了成佛"。一方面，人人所具的菩提（觉悟）自性本来清净；但另一方面，世间毕竟有浮云尘埃的遮蔽污染，实际是要在心中开显出清净本性，从而直接了悟成佛。这正是慧能"出世"而专注于传授的"见性法"。

**（二）佛在哪里？**

成佛是佛教修行的最高境界，但信众想要由人走向佛，佛在哪里就是一重大问题。如果佛还是在西天，其所带来的必然就是漫漫的修行路，亦从根本上断绝了见性成佛的可能。慧能在踏入弘忍门下的资格考试中，曾以"人虽有南北，佛性本无南北；獦獠身与和尚不同，佛性有何差别"的对答获得了弘忍的赞许，因为他揭示了不同人物的现象差别不影响内在同一的佛性，维护了佛性的唯一性和绝对性。正是凭借对不变佛性的坚定信仰，慧能才取得了承嗣传教的地位和权利。

在佛教中，佛性的清净与尘世的污染本是一对矛盾。故传统佛教或者以为"西方"净而中土染，故念佛求生西方；或者通过累世修行、研读佛经的办法走向"西天"，去染成净。可是，慧能意识到，这明显存在问题："东方人造罪，念佛求生西方；西方人造罪，念佛求生何国？"这一诘难非常尖锐，直击长期以来信众顶礼膜拜的西天佛教净土的不合理性。而之所以会是如此，根源就在于"凡愚不了自性，不识身中净土"。所以，必须要把这一路向根本扭过来，阐明"三世诸佛，十二部经，在人性中，本自具有"。"净土"不在西天，就在我心。清净的佛性就是内在的人性。这不但是佛教理论的重大变革，也是中国佛教僧众要求佛教中国化心声的集中体现。

虽说《坛经》记载慧能是不识字的，但儒家以心性为本的文化传统对他的影响依然在发挥着作用。过去、现在和未来一切神圣性的佛和佛经，其实都内在于"我心"之中，外来的佛性与本土的人性实际融合为一。"我心自有佛，自佛是真佛，自若无佛心，何处求真佛"？关键要确立"自心是佛"的基点，晓悟自我的佛心，发明内在的本性，才是真正的求佛之道。

### （三）顿悟成佛

“成佛”就是觉悟，但“觉悟”按传统说法，有顿悟和渐修的不同。慧能将诸般佛法都移至心内，顿悟成佛也就成为可能。于是称：“故知万法尽在自心，何不从自心中顿见真如本性”？自心中“顿见”真如本性而成佛，意谓真如本性不需要通过对教义的研习领悟甚至“不假文字”而直接显现。因为本性自有般若智慧，是“自用智慧”自观照的结果，从而能够实现本性的顿悟。慧能申明他自己就是顿悟成佛的。

顿悟成佛从根本上变革了传统佛教的修行理论和实践。但慧能不认同佛法本身有顿、渐之别，强调佛法说到底只有一种，即他所创立的顿法，而根本没有所谓渐法。佛教所说顿悟、渐修，只是就人的颖悟程度或曰根器的高低来说，所谓“法无顿渐，人有利钝”。对于悟道缓慢的“迷人”，自然是渐修；而对于“悟人”，无疑是“顿契”，所以需要“立顿渐之假名”。

那么，全部问题的关键，其实就在于人的迷悟之间，“迷闻经累劫，悟则刹那间”。慧能不是不承认佛和众生的差别，而是将这种差别缩小到了一念之中，“前念迷即凡夫，后念悟即佛”。正是因为如此，传统佛教认为需要长期乃至累世的修行方能跳出苦海的道路，在根本上就是错误的。因为苦海和乐土、烦恼和菩提本来并不可分。不是抛开烦恼另寻菩提，而是菩提本在烦恼之中，“凡夫即佛，烦恼即菩提”。

迷与悟是个体心性的觉悟问题，落实到信众的修行实践，就是凡夫或众生与佛的距离问题。这是顿悟成佛要解决的另一重大问题。慧能在他的临终遗言中告诫弟子：“后代迷人，若识众生，即是佛性。若不识众生，万劫觅佛难逢。”离开众生也就从根本上离开了佛。尽管中国佛教各派都在试图拉近众生与佛的距离，但只有禅宗的顿悟成佛之道做得最为直接简易。“佛在众生中”既维护了佛性的绝对性，又突出了成佛的简易性，并与本土儒家“极高明而道中庸”的观念相合，如此也就不难理解为何在中国的佛教著作中，《坛经》能被尊称为“经”，慧能禅宗能在中国乃至东亚其他地区广泛传播了。

## 思考题

1.《坛经》主要有哪些代表性版本？

2.《坛经》的主要内容是什么？

3.《坛经》的核心观念是什么？

# 后　记

“中国传统文化”“传统文化经典”等，在今天已成为高频出现的热词。的确，传播推广中华优秀传统文化，阅读充满古代先贤智慧、数千年来滋润和陶冶中国人心灵的优秀著作，已成为中华民族具有文化自信的典型表现。

本书所介绍的这些充满着思想智慧的文化经典，并不一定朗朗上口，但也不是晦涩难懂、不易阅读。中华语言文字表达的连续性传统，使得后人可以借助前人的注疏，走进博大精深的中华传统文化思想宝库。同时，青年学生的人文素质和理论思维水平，包括理解古典文献精神内涵的能力，本身也是在阅读了解作为先贤智慧结晶的传统文化经典的过程中逐步培育起来的。

不过，阅读经典却有各式各样的方法，常见方法之一是逐字逐句地研读原文并弄清其含义，这在学校的原著选读教学课程中较为通行，按此模式而编写的原著选读类教材、参考书和辅助读物等，也在实体书店的货架和线上书店网站的排行榜上占有一席之地。与此读书法相适应，各类原著（名著）选读、导读类著作，大都采取经典原文加字词注释的方式编写，有的还附有白话文翻译。如此的编写和注释方式，有助于对经典字词的理解，但对于经典的整体把握却帮助不大，而且显得破碎和支离。同时，经典虽然是智慧的宝库，但按照此种方式进入经典也容易令人产生枯燥乏味之感。要引导读者真正了解中国传统文化经典，需要让读者对它们有认同感、亲切感，能够从心底里亲近这些经典文本。

今天的时代是互联网时代，通过它便能大致知道一本经典的字义乃至全文意思，在此情况下还要吸引读者阅读经典，就需要作者尝试新的更为活泼通畅的撰写方式，并为之花费更大的气力。有鉴于此，本书的写作，不采用经典原文加注解的注释读物方式或导读类著作的“导读”方式，而是采用对所选择的经典做相对仔细的介绍、分析并个别讨论其思想的方式。读者在阅读本书后，能够明了该经典的基本内容、历史价值及文化地位，然后再进入相应的经典著作本身，就如同掌握了一把开启经典宝库大门的钥匙，从而产生如鱼得水之感。

本书所推重和介绍的中国传统文化经典，首先是被统归于儒家经典的“五经”和“四书”，其次是道家、墨家、法家的代表作《老子》《庄子》《墨子》《韩非子》，再加上“四书”之外的儒家典籍《荀子》。这些著作在漫漫历史长河中，最能获得中国人的认可，集中反映了中华民族文化的优长。

在诸子百家之中，之所以挑选儒、墨、道、法这四家的文献作为中国传统文化经典的代表，有其历史价值和现实可能两方面的考虑。儒家经典作为重头，是因为汉以后两千多年的中国“大一统”社会，儒家和儒学在总体上一直占据着主流，儒家经典实际上成为整个中国社会的经典；选入道家，是因为它与儒家正好是中国社会的正负两极，而物极则反，注重天道和自然与垂青人道和有为相通互补；至于墨家，汉以后作为学派虽然不存，但墨家的兼爱尚贤、强本节用思想融入儒家，儒墨的共性大于差别，正因为如此，儒家才需要讲清这种差别；法家虽与墨家一样在汉以后消解，但阳儒阴法、外儒内法一直是两千多年来中国社会的常态，统治者始终是秉持“霸王道杂之”的理念治理国家。

西汉初，司马谈著《论六家之要指》，在中国思想史上第一次比较恰当地概括出了先秦学术的六个主要派别，即阴阳、儒、墨、名、法、道德六家，并分别评述了六家学术的特征和短长（唯道家无短）。本书没有选入阴阳家和名家的文献，是因为从现实考虑，阴阳家没有代表作流传下来，无法进行介绍；而名家辩名，“苛察缴绕”，重“术”而轻“道”，“故言愈辩而名实愈不可正”，虽也流传下来个别文献，但总体上属于边缘化的存在。在这六家之外，兵家讲战争和兵法，属于中国文化中的特殊构成，不具有普遍性的文化价值，亦不为主流社会所认可。北宋初中期，青年张载喜谈兵事，想组织力量收复被西夏所占领的洮西之地，上书时任陕西经略安抚招讨副使兼知延州的范仲淹，可后来在历史上留下了“先天下之忧而忧”的担当和豪情的范仲淹，此时却当头给张载浇了一盆冷水，称“‘儒者自有名教可乐，何事于兵！’因劝读《中庸》”（《宋史·张载传》）。由此可推知兵法类著作不受待见的实情。

“中国传统文化”的概念，如果泛指，先秦时期以诸子百家争鸣为代表；秦汉以后，则以儒释道三家并立为特色。儒、道之外，释家的著作，最重要而又能完全够得上称作“中国”传统文化经典的，无疑就是《坛经》。《坛经》作为唯一被尊称为“经”的中国佛教典籍，虽然于唐中期方才出现，但自那时以来，逐渐成为中国传统文化中不可或缺的组成部分，故需要选入和进行介绍。

本书如此的选材和讲解，自然有挂一漏万之嫌，其撰写恐也有不尽合理周全之处，但是读者若能够通过阅读此书，对中国传统文化经典有一个相对准确和清晰的认知，作者于此便是感到欣慰了。

最后对策划和支持本书出版的中国人民大学出版社及王雪颖编辑表示由衷的感谢！

**向世陵**

2021 年 6 月 5 日于北京寓所

**图书在版编目（CIP）数据**

中国传统文化经典/向世陵著. --北京：中国人民大学出版社，2023.5
高等学校通识课程系列教材
ISBN 978-7-300-31452-5

Ⅰ.①中… Ⅱ.①向… Ⅲ.①中华文化-高等学校-教材 Ⅳ.①K203

中国国家版本馆 CIP 数据核字（2023）第 030037 号

高等学校通识课程系列教材

**中国传统文化经典**

向世陵　著

Zhongguo Chuantong Wenhua Jingdian

| | | | |
|---|---|---|---|
| **出版发行** | 中国人民大学出版社 | | |
| **社　　址** | 北京中关村大街 31 号 | **邮政编码** | 100080 |
| **电　　话** | 010－62511242（总编室） | | 010－62511770（质管部） |
| | 010－82501766（邮购部） | | 010－62514148（门市部） |
| | 010－62515195（发行公司） | | 010－62515275（盗版举报） |
| **网　　址** | http://www.crup.com.cn | | |
| **经　　销** | 新华书店 | | |
| **印　　刷** | 北京宏伟双华印刷有限公司 | | |
| **开　　本** | 787 mm×1092 mm　1/16 | **版　　次** | 2023 年 5 月第 1 版 |
| **印　　张** | 10 插页 1 | **印　　次** | 2023 年 5 月第 1 次印刷 |
| **字　　数** | 184 000 | **定　　价** | 38.00 元 |

# 教学支持说明

（教学课件）

中国人民大学出版社教育学科秉承“出教材学术精品，育人文社科英才”的出版宗旨，多年来，出版了大批高质量的教育学、小学教育、学前教育专业教材和学术著作。

我们为本教材制作了相应的 PPT 教学课件，任何一位采用本书作为授课教材的教师均可免费获得该课件。为了确保该课件仅为授课教师获得，烦请您填写如下材料，并将相关信息通过 E-mail 发送给我们，我们将在收到相关信息后通过 E-mail 给您发送该课件。欢迎您加入我们的 QQ 群（教育新视野交流群，群号为 159813080），或登录我社官方网站（www.crup.com.cn），注册并认证成为教师会员，以获得更好的服务。

我们的联系方式：

地址：（100872）北京市中关村大街甲 59 号文化大厦 1202 室
　　　中国人民大学出版社

电话：（010）82502724　62514775（传真）

E-mail：ggglcbfs@vip.163.com

QQ 群：159813080

兹证明______大学/学院______院/系______专业______学年第______学期开设的______课程，采用中国人民大学出版社出版的____________（书名、作者）作为本课程教材。授课教师为______，授课班级共______个、学生______人。授课教师需要与本书配套的教学课件。

联 系 人：______

通信地址：______

邮　　编：______

电　　话：______

E-mail：______

系/院主任：______（签字）

（系/院办公室章）

______年______月______日